6

분노 신호등

왜 가정에서 화가 많이 날까?

분노 신호등

초판 1쇄 인쇄 2016년 02월 22일
초판 3쇄 인쇄 2019년 11월 12일
지은이   이상열
펴낸이   이승훈
펴낸곳   해드림출판사
주 소   서울 영등포구 경인로82길 3-4(문래동1가 39)
         센터플러스빌딩 1004호(우편07371)
전 화   02-2612-5552
팩 스   02-2688-5568
E-mail   jlee5059@hanmail.net

등록번호   제87-2007-000011호
등록일자   2007년 5월 4일

* 책값은 표지에 있습니다
* 잘못된 책은 바꿔드립니다

ISBN 979-11-5634-128-4

어려운
대인 관계
해결하기

이상열 지음

분노 신호등

타인에게 상처를 주는 '화' 다스리기
왜 가정에서 화가 많이 날까?

해드림출판사

/ **시작하며** /

가정은 지상 최고의 안식처

많은 사람을 상담하면서, 부모 교육 강사로 강의를 하면서, 부부 심리 세미나를 인도하면서 느낀 것이 있다.
'가정마다 왜 이렇게 문제 많을까? 정말 문제없는 가정이 없구나. 가정은 지상천국이 되어야 하는데 왜 이렇게 행복한 가정이 드물까?' 하는 생각을 하게 되었다.

물론 문제 있는 사람이 상담실을 찾아오니까 더 그렇게 느꼈는지도 모르겠다. 상담을 하러 오는 사람들 가운데는 사회적으로 덕망이 있는 사람들도 많고, 조직이나 교회에서도 인격적이라고 인정을 받는 사람들이 의외로 많다는 것에 놀라지 않을 수 없었다.

평생을 함께하기로 한 배우자에게 왜 화가 많이 날까?
얼마나 화가 났으면 당신 없으면 못살 것 같아서 결혼을 했는데 이제는 당신 때문에 못 살겠다고 할까? 이혼을 상담하는 가정과 실제로 이혼을 하는 가정이 점점 늘어나고 있다. 가슴이 아프다. 그러면 자녀들은 어떻게 하라는 말인가? 자녀들이 무슨 잘못이 있는가?

사랑하는 자녀에게는 왜 화를 많이 낼까?
자녀의 어떤 행동으로 인해서 화가 나는 것일까 아니면 부모의 인격적인 문제로 인하여 화가 나는 것일까? 나의 분신이요, 내 생명까지 줄 수 있는 자녀에게 왜 화가 많이 나는 것일까?

치유상담을 공부하면서 깨달은 것이 있다. 분노는 내면의 상처와 밀접한 관계가 있다는 것과 '나'라는 존재가 가지고 있는 상처의 대부분은 부모에 의해 받은 것이라는 것이다. 부모는 사랑을 더 많이 주었지만, 자녀들은 사랑을 기억하기보다는 상처를 더 많이 기억하는 경향이 강하였다. 그리고 그 상처는 대부분 자녀에게 대물림이 되는 경향이 많았다.

오죽했으면 이런 표현을 쓸까?
"아니, 집구석 어디에 귀신 붙었나, 왜 집에서 화를 많이 내는 걸까?"
밖에서는 인격적이고 대인관계를 훌륭하게 맺고 있으며 따뜻하고 다정다감한 사람들도 집에만 들어오면 무뚝뚝하고 순간적인 분노폭발과 짜증이 담긴 말을 많이 한다.
그 이유는 무엇일까?
정말 집 구석진 어느 곳에 귀신이라도 있는 것일까?
아니면 내 속에 귀신이 장난을 치는 것일까?

나에게는 꿈이 있다.
이 생명 다하는 그 날까지 꼭 하고 싶은 일이 있다.
가정을 행복하게 하는 사역을 하고 싶다. 부부가 활짝 웃는 가정을 만드는데 작은 밀알이라도 되고 싶다. 부모로 인하여 자녀들이 활짝 웃는 세상을 만드는 씨앗이 되고 싶다.

저자는 이 책에서 사회에서나 대인관계에서 분노의 문제를 다루기보다는 사랑하는 사람들이 혈연 공동체로 형성된 가정에서 화가 많이 나는 이유와 화를 어떻게 다스려야 하는 것인가를 다루면서 치유할 방법을 찾아 접근해 보았다.

남편과 아빠라는 이름의 사명을 잘 감당하길 원하는

이상열

차 례

시작하며 가정은 지상 최고의 안식처 _4

아빠가 사랑하는 딸에게 보내는 두 번째 편지 _12

들어가기
이 책을 읽기 전에 알아야 할
'감정 심리학' 미니 강의

1. 감정이란 무엇인가?	17
2. 분노란 감정은 무엇인가?	21
3. 위로 받지 못한 상한 감정은 어떻게 될까?	26
4. 분노와 공격성을 자아실현의 에너지로 변화시켜라	30
5. 분노를 표현하는 방법이 중요하다	34

1 장
왜 배우자에게 화가 많이 날까?

1. 가정, 애정이 확인된 곳	48
2. 가정, 보복의 두려움이 없는 곳	54

3. 가정, 위로 받지 상한 감정이 주인 노릇하는 곳　　58

4. 가정, 내면아이가 활동하는 무대　　63

5. 가정, 내면의 상처가 왕 노릇하는 곳　　68

6. 가정, 첫사랑의 그림자가 주인 노릇을 하는 곳　　76

7. 가정, 자기중심적으로 사고하는 곳　　82

8. 치유 받지 못한 성적인 상처　　94

2장

왜 자녀에게 화가 많이 날까?

1. 내 생각대로 움직이지 않을 때 화가 난다'　　107

2. 착하고 순종적으로 성장한 부모가 화를 많이 낸다　　117

3. 몇 번씩 말을 해야 들으니까 화가 난다　　125

4. 형제들이 자주 싸울 때에 화가 난다　　134

5. 원치 않는 임신으로 탄생한 자녀에게 화가 많이 난다　　147

6. 완벽을 추구하는 부모가 화를 많이 낸다　　150

7. 어릴 때 내가 키우지 않은 아이에게 화가 많이 난다　　164

8. 자존감이 낮은 부모가 화를 많이 낸다　　166

9. 학대 받고 자란 부모가 화를 많이 낸다　　170

10. 화가 대물림되기 때문이다　　171

11. 배우자에게 쌓인 분노　　173

3장
인지 치료로 보는 분노 다스리기

1. 인지 행동 치료   177

2. 인지 행동적 분노 다스리기 실제   189

    1) 분노는 당신의 선택이다 _189

    2) 화 날 일인가? 화낼만한 일인가? _191

    3) "나는 화가 났다."라고 말을 하라 _198

    4) 타임아웃을 통한 인지적 접근 _202

    5) 아이들에게 화가 난 수준을 알려라 _206

    6) 자녀가 화를 낼 때 감사하라 _207

    7) 자녀들이 화를 낼 때 어떻게 대처를 해야 하는가? _208

4장
상한 감정을 치유함으로 분노 다스리기

1. 상처 입은 감정의 증상　　　　　　　　　　217
2. 감정이 상처 입었을 때 대처 방법　　　　　　227
3. 감정의 출처를 추적하라　　　　　　　　　　230
4. 화가 난 상한 감정을 건강하게 표현하라　　　235
5. 상처를 준 사람을 치유적으로 만나라　　　　242
6. 상처 입은 내면아이를 만나주라　　　　　　　255
7. 부모와 나의 어린 시절을 알라　　　　　　　258
8. 당신이 부모라면 자녀에게 진지하게 사과하라　262
9. 자신을 사랑하고 존중하라　　　　　　　　　266

5장
변화는 나로부터 시작된다　　285

책을 마치며 _290

참고 문헌 _294

:: 아빠가
사랑하는 딸에게 보내는
두 번째 편지

아빠가 두 번째 책을 쓰게 되는구나.
첫 번째 책을 읽고 너는 어떤 느낌이었니?
너에게 책에 혹시 오타가 있는지 마지막으로 검토해 달라고 했었지.
책을 읽으며 웃기도 하고 울기도 하던 너의 목소리가 아직도 들리는 듯하구나.
아빠가 '너는 왜 웃기도 하고 울기도 하니?'라고 물었을 때 너는 이렇게 말했지.

아빠! 참으로 대단해.
어떻게 사람의 기질에 맞는 자녀 양육 방법을 연구해냈지?
내가 이 책을 읽으면서 울기도 하고 웃기도 했어.
그건 나의 기질에 맞는 자녀 양육법을 보고
너무 잘 맞으니 감동해서 그랬어.
아빠가 공부를 해줘서 너무 고맙고
또 내 마음을 알아줘서 정말 고마워요.

사랑하는 딸아!
딸의 행복을 위해서 두 번째 편지를 쓰게 되어서 기쁘구나.
두 번째 편지는 가정에서 왜 화를 많이 내는지 다루었단다.
밖에서는 대부분 인격이 훌륭한 사람인 것 같은데
자신의 가정에만 들어가면 화를 내고 신경질 부리고 짜증을 내지.
왜 그런 현상이 생기는지 원인을 탐색해보고 치유하는 방법에 대해 쓰려고 해.

아빠가 집에서 잘하기 때문에 쓰는 것은 아니란다.
모두 함께 행복한 가정을 만들어가고 싶은 마음에서 쓰는 것이란다.
아빠도 집에서는 순간적으로 감정을 폭발할 때도 있고,
게으르고, 텔레비전도 많이 보고, 큰 소리로 화를 잘 내곤 하지.
엄마와 너에게도 그렇게 하잖아, 그렇지?

그래도 아빠는 당당하게 말하고 싶은 것이 있단다.
아빠는 네가 8살이 되던 해부터 공부를 시작했어.
그 이후로는 정말 많이 변했어. 그건 너도 알지?

사랑하는 딸아!
너도 나중에 결혼을 하고 가정을 이루게 될 거야.
아빠의 편지를 읽으면서 행복한 가정을 이루어나가는 법을 배웠으면 해.

왜 가정에서 화가 나는지 알고, 화를 어떻게 다루어야 하는지 나누어 줄게.

화가 나서 견딜 수 없는 날도 가끔 찾아오겠지?
너를 너무 탓하지는 마. 네가 인간이기 때문에 그런 거야.

어떻게 표현하고 관리하여 자아실현의 에너지로 활용하느냐가 중요한 것이란다.
화가 났을 때 현명한 선택을 할 수 있는 지혜로운 엄마가 되렴.

사랑하는 딸아!
너로 인하여
배우자가 행복하고
자녀들이 행복했으면 하는 마음으로 편지를 쓴단다.

아들과 딸을 통하여 늘 배우는 아빠가

들어가기

이 책을 읽기 전에
알아야 할
'감정 심리학'
미니 강의

1 감정이란 무엇인가?

∷ 사람은 감정을 가진 존재

감정은 바람처럼 눈에 보이지는 않는다. 하지만 분명히 존재하며 산소 같은 역할을 하여 많은 사람의 삶에 생기를 주며 가슴을 시원하게 하고 감동을 준다. 하지만 때로는 태풍처럼 사납게 휘몰아쳐 많은 사람에게 피해를 주기도 한다.

인간은 누구나 긍정적인 감정과 부정적인 감정을 갖고 있다. 어느 감정이든 밝은 부분과 어두운 부분이 있다. 그리고 사람들의 내면에서 두 개의 감정이 갈등을 일으킬 때가 많다. 만약 당신이 감정을 관리할 수 있다면 성숙한 삶을 살아가겠지만, 감정에 휘둘리는 사람이 될 때는 순간적으로 모든 것을 상실할 수도 있다. 감정은 눈에 보이지 않고 그냥 가슴으로 느끼는 것이지만 가장 중요한 것이다.

:: 감정은 소중한 것

내가 느끼는 감정은 현재 나의 삶에서 중요한 것이다. 무엇이 만족스럽고 무엇이 불만족스러운 것인지를 알려준다. 나의 기본적인 욕구를 지키기 위하여 감정이 있는 것이다. 자신의 감정이 느끼는 소리에 귀를 기울이는 지혜가 필요하다. 내가 느끼는 감정은 무의식적이며 자동적이다. 의식이 미처 알아차리기도 전에 다양한 모습으로 감정은 표현되고 있다.

:: 감정은 에너지다.

- 슬픔이라는 감정은 과거를 완결시켜주는 에너지 구실을 한다. 충분히 울고 나면 과거가 치유된다. 슬픔이 위로 받지를 못하거나 마침표를 찍지 못하면 우울해지기도 한다. 눈물은 하나님이 우리에게 주신 치료제라 할 수 있다.

- 두려움의 감정은 지혜를 주는 에너지이다. 인간 내면에는 누구나 두려움을 갖고 있다. 두렵기 때문에 선택과 결정 그리고 지혜로움이 생기는 것이다.

- 죄책감이란 감정은 양심을 일깨워주고 발달시켜주는 에너지이다. 무엇인가 잘못을 했을 때 잠자고 있는 양심을 깨우쳐 준다. 그리고 새로운 비전을 향해 도전하게 한다.

- 수치심은 부끄러운 감정을 말하지만, 사람이 어떻게 인식하

느냐에 따라 달라진다. 수치심을 느낄 때마다 좌절하는 사람도 있지만 사실 수치심은 자신의 한계성과 유한한 존재임을 깨닫게 하는 에너지이다. 또한, 우리의 삶의 방향을 설정하게 해주며 성장과 성숙 그리고 창조주를 향하게 하는 에너지이다.

- 기쁨의 감정은 욕구가 충족되었다는 행복과 만족스러움을 주는 에너지이다.

- 분노의 감정은 생명의 에너지이다. 분노는 모든 에너지의 기본이 된다. 만약에 분노의 감정이 막히면 모든 에너지가 제 기능을 상실할 수 있다.

∷ 감정의 에너지가 막힐 때 상처를 입는다

이러한 감정의 에너지가 막힐 때 우리는 상처를 입는다. 예를 들어 기쁨이라는 감정을 표현해서 정말 행복해할 때 중요한 타인이 '지금 북한에 애들은 굶어 죽어 가는데 너는 그렇게 행복하냐?'고 화를 낸다면 아이는 기쁨의 감정을 표현할 수가 없게 된다. 이렇듯 우리는 감정이 주는 에너지와 잘 만나야 한다.

우리가 행복한 삶을 살아가기 위해서는 감정으로부터 도움을 받아야 한다.
자신의 감정을 존중하면서 잘 관리하자. 우리 내면의 감정에서 솟아나는 에너지를 발견하여 함께 살아가는 방법을 배우는 삶의 지혜가 필요하다. 감정이 제대로 대우를 받지 못하거나 위로 받지 못할 때 자신이 되고자 하는 가장 근본적인 힘과 접촉하지 못하게 된다.

2 분노란 감정은 무엇인가?

∷ 분노는 선한 것도, 악한 것도 아닌 하나의 감정이다.

분노는 인간의 기본 감정이며 희로애락(喜怒哀樂) 가운데 하나인 노(怒)의 감정이다. 분노는 인간이라면 누구나 가질 수 있는 하나의 감정일 뿐이다. 지극히 정상적이고 당연한 감정인 것이다. 그러나 분노를 잘못 사용하게 되면 폭력이 되고 악한 영이 틈타는 통로가 된다.

∷ 분노는 우리를 자아실현으로 인도하는 생명의 에너지다.

분노는 인간 생활의 기본적인 감정이며 우리에게 가장 소중한 감정이다. 인간은 누구나 자아실현의 욕구가 있다. 그 자아실현의 욕구가 목표 지향적이며 긍정적으로 표현되면 얼마나 좋을까? 그렇지만 어릴 때는 오히려 분노와 짜증으로 표현되는 경우가 많다.

만약에 분노를 표현해야 하는데 하지를 못하게 되면 어떻게 될까?

분노는 내면으로 들어가서 나의 영혼에 부정적 영향을 줄 수 있다. 이 분노가 해결되지 못하고 내면으로 향하게 될 때 우울증에 걸리기 쉽다. 분노는 자아실현으로 인도하는 생명의 에너지다. 저수지에 담겨 있는 물과 같다고 할 수 있다. 즉 분노가 많은 사람은 에너지가 많다는 의미이다. 그렇기 때문에 분노를 어떻게 다룰 것인가는 중요한 문제다.

∷ **분노는 이차적 감정이다.**

분노는 스스로 존재하는 것이 아니라 어떤 요인에 의해 1차적 감정이 상하였을 때 표출되는 감정이다. 1차적 감정이란 소중한 나 자신이 누군가로부터 험담이나 부당한 말을 들을 때, 수치와 무시당할 때, 모독을 당하거나 자존심이 위협받을 때, 거절당하거나 제지당하거나 창피를 당할 때, 또는 부당하게 비난받을 때 느끼는 감정이다. 1차적인 감정이 상처를 입게 되면 분노가 일어난다. 그래서 분노를 2차적 감정이라고 한다.

당신이 화나는 상황을 떠올려보고 그때 왜 화가 났는지 내면을 들여다보라. 그것은 일차적인 감정이 상처를 입었기 때문이다. 예를 들면 두려움과 불안 또는 수치심이라는 감정을 느꼈을 때 그 감정을 표현하는 방법이 분노일 가능성이 크다는 것이다. 이런 이유로 분노를 다룰 때는 1차적 감정을 바르게 이해하는 것이 중요하다.

∷ 분노는 관리해야 할 감정

분노는 2차적 감정이기에 '의지'에 해당한다. 내가 의지를 갖고 감정을 선택하고 결정하고 책임을 져야 한다. 우리는 화를 낼 수도 있고 내지 않을 수도 있다. 그 책임은 나에게 있는 것이다. 상대방이 아무리 나를 화나게 해서 일차적 감정이 상했다 할지라도 분노를 선택하는 것은 내 의지의 문제이고, 그 결과를 책임져야 한다는 것이다.

성경은 분노에 대하여 이렇게 표현하고 있다.
분을 내어도 죄를 짓지 말며 해가 지도록 분을 품지 말고 마귀에게 틈을 주지 말라. **(엡 4:26-27)**

분을 낼 수 있다.
그러나 오래 품지 말라.
분노가 오래가면 분개가 되고, 분개는 적개심이 되고, 적개심은 한으로 이어진다.
분노는 감정이지만 분개로 가면 공격적이며 파괴적인 행동으로 나타날 수 있다.
성경에서 '분을 내어도 죄를 짓지 말라'는 것은 우리가 분노를 다스릴 수 있고 선택할 수 있는 감정이라는 것이다. 지속해서 분노를 갖고 있으면 마귀가 틈을 탄다고 했다. 마귀는 창조의 능력이 없다. 상한 감정에 붙어 기생을 한다. 음식도 상하면 균이 발생하는 것처럼 분노를 제때에 관리하지 못하면 상한 감정이 되어 악한 영들이 틈타는 통로가 된다. 분노라는 감정을 통하여 악한 영들이 기생하게 되면 분노는 나의 의지로 관리할 수 없는 상태가 된다. 분노는 심각한 문제를 일으킬 수 있음을 알아야 한다.

과거 우리나라에서 80년대까지 쥐잡기 운동을 참 많이 했다. 쥐를 아무리 잡아도 여전히 쥐들은 집 주위에서 발견되었다. 심지어 겨울밤에 불을 끄고 누워있으면 방안과 천장 위에서 우르르 몰려다니는 소리를 들을 수 있었다. 쥐약을 놓고, 쥐틀을 설치했지만, 여전히 쥐들은 찾아왔다. 자신의 생명 위협을 느껴도 쥐들은 오게 되어 있다. 왜 그럴까? 그 이유는 쥐들이 좋아하는 음식이 있었기 때문이다. 쥐들이 좋아하는 쓰레기들이 있기 때문이다. 이와 마찬가지로 악한 영들은 인간들의 감정적 쓰레기를 좋아한다.

감정적 쓰레기는 여러 가지 종류가 있다. 병적인 열등감, 해로운 수치심, 비실제적인 두려움, 잘못된 죄책감 등 다양하다. 그러나 이 모든 감정은 '분노'라는 감정의 옷을 입고 표현될 가능성이 크다. 노하기를 지속하는 것은 귀신에게 초대장을 보내는 것과 같다.

이제 우리는 감정적 쓰레기를 자기 계발과 자아실

현의 에너지로 승화시키는 삶을 훈련해야 한다. 분노라는 감정이 자기 계발과 자아실현의 에너지로 전환하지 않으면 상한 감정이 된다. 상한 감정이 되면 쥐들이 달라붙어서 내 영혼과 에너지를 갉아먹게 되며 나를 지배하게 된다.

분노의 감정은 누구도 피할 수 없다. 우리는 분노를 잘 관리하여 생명의 에너지로 사용할 수 있도록 물꼬를 터주는 것이 중요하다. 분노라는 감정을 자아실현의 삶으로 갈 수 있도록 안내해 주는 지도가 필요한 것이다.

3   위로 받지 못한 상한 감정은 어떻게 될까?

우리는 성장하면서 수많은 감정을 느끼며 살아간다. 그중에서 위로 받은 감정도 있지만, 위로 받지 못한 감정도 많다. 역기능적인 가정 환경요인에 의해 위로 받지 못한 감정은 표현할 수 없었고 상처로 남게 되었다. 그래서 상처받은 우리의 상한 감정은 반드시 위로를 받아야 한다.

:: 위로 받지 못한 그 감정들은 다 어디로 갔을까?

자연히 없어진 것일까? 아니면 인간의 내면 어딘가에 꼭꼭 숨어서 자신의 모습을 감추고 있을까?
마음이 상하였을 때 위로 받지 못한 상한 감정은 없어지지 않는다. 우리는 위로 받지 못한 상한 감정을 철저하게 숨기며 살아간다. 상한 감정을 숨기는 장소는 '무의식이라는 지하세계'이다. 억압이라는 방어기제를 사용하여 깊은 무의식의 세계로 위로 받지 못한 상한 감정을 강하게 밀어 넣게 된다. 무의식의 세계로 들어간 상한 감정은 오랫동안 미해결된 채로 고요하게 존재하다가 어느 정도 힘을 가졌을 때 생수의 에너지로 표출되기도 하고 복통을 일으키기도 한다.

그렇다면 무의식 속에 밀어 넣어버린 감정은 어떻게 되는 것일까?
위로 받지 못한 상한 감정은 어떤 형태로 우리의 삶에 모습을 드러낼까?

첫 번째, 위로 받지 못한 상한 감정은 가정생활에서 많이 표출된다.
무의식 속에 꼭꼭 숨은 위로 받지 못하고 미해결된 상한 감정은 사회생활에서는 표현이 잘되지 않고 고요히 잠복하여 있다가 결혼한 후에 자녀와 배우자에게 거침없이 분노로 표현되기도 한다. 자녀의 어떤 행동으로 인해 화가 나는 것이 아니라 자녀의 어떤 행동이 나의 내면에 해결되지 못한 감정을 터치하기 때문에 격하게 화를 내게 된다.

이때 표현되는 분노의 감정은 사랑이라는 이름으로, 교육이라는 이름으로, 다 너를 위한 행동이라고 포장되어 자녀에게 거침없이 표현될 가능성이 크다. 자녀에게 분노를 많이 표출하는 사람들에게 공통적인 특성이 있다. 이들은 모두 성장할 때 착하고 모범적으로 성장했으나 부모가 되고 난 후 의외로 화를 많이 낸다는 것이다.
왜 이런 현상이 나타나는 걸까? 그것은 바로 그들이 성장할 때 위로 받지 못한 상한 감정을 건강하게 해소하지 못했기 때문이다.

두 번째, 무의식 속에 잘 억압된 상한 감정은 특별히 그럴만한 상황이 아닌데 예민하게 반응하게 한다. 때로는 무의식 속에 억압된 감정이 우리 몸속으로 들어가 다양한 형태의 질병을 일으키기도 하며 우울증의 형태로 자신을 드러내기도 한다.

세 번째, 위로 받지 못한 상한 감정을 술로 풀어내는 경우도 있다.
평소에는 조용하고 얌전한 사람이 술을 마시면 이상하게 말이 많아지고, 욕을 하고 다른 사람들과 심하게 다투기도 한다. 술을 많이 먹으면 방어기제가 힘을 잃게 되어 평소에 억압된 감정들이 표현된다. 그래서 '취중 진담'이란 말이 있다.

네 번째, 위로 받지 못한 상한 감정은 몸으로 표현된다. 몸으로 표현된다는 말은 상한 감정을 품고 있다가 몸이 아파진다는 말이다. 무의식에 있는 감정이 신체의 어느 부분에 쌓이게 되고 쌓이게 된 감정은 질병으로 나타나기도 한다. 건강의 상태를 감정으로 표현하는 단어들이 의외로 많다. '목에 가시 같은 존재', '간이 조마조마해.', '간이 콩알만 해졌다.' '간이 열 받았다.' 등과 같은 말들을 들어본 적이 있을 것이다.

참고 참다 견디지 못해 상담실을 찾아오는 여성들이 있다. 상담하는 중에 혹시 몸에 아픈 곳은 없는지 물어보면 80% 이상이 '몸이 아파요.'라고 답한다. 그 이유는 감정을 묻어두어 몸이 고생했기 때문이다. 가을에 떨어지는 낙엽으로 비유하자면 물기가 전혀 없는 바싹 마른 낙엽이다. 누군가가 조금만 건드려도 깨어지는 낙엽으로 비유한다. 물기가 없어서 그런 것처럼 감정을 묻어두고 살아온 세월이 지나치면 몸이 건조해지기에 몸이 아플 가능성이 커진다.

다섯 번째, 무의식 속에 잘 억압된 감정은 꿈을 통하여 표출되기도 한다.
억압을 많이 한 사람은 꿈에서 아톰이 되어 하늘을 날아다니는 꿈을 꾸기도 한다. 때로는 나체로 춤을 추기도 하는 꿈을 꾸기도 한다. 위로 받지 못한 감정이 꿈속에서 마음껏 자신을 표현하게 되는 것이다.

4 분노와 공격성을 자아실현의 에너지로 변화시켜라

오스트리아의 정신분석학자 프로이트는 인간의 성격 구조를 설명할 때 세 가지로 설명했다. 첫 번째는 본능id이요, 두 번째는 자아ego요, 세 번째 초자아superego로 설명했다. 그중에 인간이 가진 본능을 공격성과 성적인 욕구로 구분했다. 성적인 욕구는 사랑의 욕구요, 애정의 욕구이다. 그리고 공격성의 욕구는 목표와 비전 그리고 도전의 삶으로 이어진다.

게슈탈트 심리학자인 펄스F. S. Perls는 인간에게 최초로 나타나는 공격성을 치아공격성이라고 했다. 치아공격성이란 무엇일까? 아이들이 태어난 후 6개월 정도가 되면 치아가 나기 시작하는데 이때 잇몸이 근질근질해진다. 아이는 자신도 모르게 치아를 사용하여 어머니의 젖을 빨기도 하지만 깨물기도 한다. 이것이 바로 치아공격성이다.

치아가 나는 이유는 인간의 행복을 위해서이다. 맛있는 음식을 먹기 위해서는 치아가 필수적이다. 우리 삶에서 먹는 재미를 빼고 무슨 말을 하겠는가? '살기 위해서 먹을까? 먹기 위해서 살까?'라는 말이 있다. 즉 치아가 나는 이유는 맛있고 단단한 음식을 부드럽게 씹어서 맛있게 먹기 위해서다. 유아기에 치아가 나지 않았을 때는 어머니의 젖을 그냥 빨아 삼키지만, 차츰 이가 나면서부터는 단단한 음식물을 씹어 먹는다. 즉 치아를 사용함으로써 음식물을 파괴하여 신체 일부로 동화시키는 것이다. 만일 음식물을 제대로 씹지 않고 삼키면 음식물은 소화되지 않은 채 남아 있게 되고 결국에는 소화불량이나 복통을 일으킬 수 있다.

:: 심리적 치아공격성, 바르게 알고 잘 관리해주어야

이와 비슷한 원리로 인간은 성장하면서 '심리적 치아공격성'이 자연스럽게 발달한다.
심리적 치아공격성에 대해 좀 더 자세히 알아보자. 아이는 성장하면서 자율성과 주도성이 생기면서 자신이 자율적으로, 주도적으로 하고 싶은 것이 많아진다. 호기심이 많아지고 모든 것이 신기하고 만져보고 싶고 깨물어 보면서 확인하며 탐색해 간다. 이러한 욕구는 모양은 조금 다르다 할지라도 성장하면서 지속해서 발달할 것이다.

심리적 치아공격성은 자아실현의 욕구와 밀접한 관계가 있다. 목표 지향적이거나 모험과 도전정신이 강한 기질을 가진 아이라면 심리적 치아공격성은 아주 강할 것이다. 모든 일에 부모와 부딪힘이 심할 것이고 갈등을 일으키게 될 것이다.

인간의 본능인 공격성은 자아실현의 욕구로 연결이 반드시 되어야 한다.
자녀들에게 나타나는 심리적 치아공격성은 모험심이나 도전 그리고 진취적이며 이성적이고 합리적인 모습으로 나타나는 것이 아니라 짜증과 분노 그리고 신경질적인 모습으로 많이 나타난다. 부모에게는 너무 당황스럽고 거북하고 화가 나서 견디기 힘든 일이 될 수 있다. 공격성이 긍정적으로 표현되면 좋겠지만, 분노와 짜증 그리고 반항과 신경질로 나타나기 때문에 부모는 자녀의 이러한 공격성을 잘 관리하고 다스리는 지혜가 필요하다.

그렇다면 이런 아이의 공격성을 관리하지 못하면 어떤 일이 일어날까?
아이의 공격성이라는 욕구를 부모가 지나치게 억압을 하게 되면 순응하고 착하고 모범적이고 고분고분한 사람으로 성장하지만, 의존성이 강하고 수줍음의 수치심이 내면화되기 때문에 무기력한 사람으로 성장할 수 있다.

반대의 경우라면 또 어떤 일이 일어날까?
공격성이라는 욕구를 제지하지 않고 '오냐, 오냐' 하며 키우게 된다면 아이는 충동적이고, 폭력적이며 자기중심적이며 안하무인의 사람으로 성장할 가능성이 크다.

한편 심리적 치아공격성이 양육자에 의해 적절하게 훈련이 되면 모험심이 강하고 도전과 열정, 전진과 탐색, 섬김과 배려, 자율성을 통한 주도성 그리고 근면성으로 이어져서 아주 훌륭한 자아정체성을 소유한 사람으로 성장한다.

5 분노를 표현하는 방법이 중요하다

"**분노는** 상황에 맞게 적절하게 내어야 하며, 표현 방법도 건강해야 한다."
분노를 적절하게, 상황에 맞게 건강하게 표현할 수만 있다면 우리는 성숙한 인격자이며, 분노라는 에너지를 관리하며 다스리는 사람이 된다. 분노라는 감정에서 자아실현의 에너지를 찾아내어 자신의 미래를 향해 도전하는 사람이다. 특히 가정에서 분노를 상황에 맞게 적절하게 관리하며, 건강하게 표현할 수 있다면 당신은 성숙한 사람이다.

문제는 가정이다.
사회 속 대인관계에서는 인격적이며 성실과 정직으로 타의 모범이 되는 사람이 가정에서도 동일한 인격으로 살아가는지는 알 수가 없다. 사람 대부분은 가정에서 화를 많이 내는 경향이 있다. 집에만 들어오면 바깥에서의 모습과는 달리 화를 잘 내는 사람들.

과연 그들에게는 왜 그런 일이 일어나게 되는 것일까?
분노라는 감정은 자아실현으로 인도하는 생명의 에너지다. 하지만 부모가 자녀에게 화를 내거나, 배우자에게 화를 내는 분노는 자아실현으로 인도하는 에너지가 아니라 자녀와 배우자의 마음에 상처를 주고, 인격을 파괴하기도 하며, 존귀한 자아상을 수치스러운 자아상으로 변질을 가져다준다.

::가정에서의 화는 치명적이다.

첫 번째는 지속적이고 반복적으로 진행되기 때문이다. 대인관계에서는 분노를 잘 조절하는 사람도 가정에 들어오게 되면 분노의 감정을 잘 관리하지 못하고 순간적으로 화를 내게 된다. 그리고 가정에서 표현되는 화는 오랫동안 반복되고 지속이 되기에 심각한 문제가 될 수 있다. 1주일에 1번씩 화를 낸다고 해도 1년에 52번을 내게 된다. 그리고 10년이 지나면 520번이다. 작은 빗물에 의해 바윗돌에 구멍이 생기듯이 부모나 배우자가 화를 내면 아무것도 아닌 것 같은데 자녀들의 인격 성장에 심각한 구멍을 내게 된다.

두 번째는 언어적 폭력과 함께 오기 때문이다.
말의 중요성에 대해서는 더는 언급하지 않아도 누구나 잘 알고 있다. 특히 "말이 씨가 된다. 말은 권세가 있다. 말에는 기(氣)가 있다. 말은 예언적 기능이 있다. 죽고 사는 것이 혀의 권세에 있다."는 말이 있다.

가정에서 화가 나서 하는 말에는 언어적 폭력이 있으므로 자녀와 배우자의 영혼을 병들게 한다. 언어적 폭력도 지속적이며 반복적이다. 부모가 자녀에게 '너는 왜 말귀를 잘 못 알아듣지 못하느냐?'고 무시하는 말을 한다고 가정해 보자. 하루에 1회를 들으면 1년을 들으면 365번을 듣는다. 10년을 들으면 3650번을 듣게 된다. 이때 부모가 화난 모습으로 큰 목소리로 말을 한다고 생각해 보라. 이 말은 아이들의 자아정체성을 심각하게 병들게 한다. 아이들은 부모가 한 말을 내면화시켜 "나는 말귀를 잘 못 알아듣는 사람이다."라고 생각하게 될 것이다.

세 번째는 신체적인 폭력이 함께 올 수 있기 때문이다. 가정에서 화를 건강하게 표현하는 사람이 얼마나 있을까? 말로 하다가 자기 뜻대로 되지 않으면 신체적인 폭력을 쓰기도 한다. 신체적인 폭력을 지속해서 쓰면서 화를 내는 가정도 있고, 일 년에 1~2회 정도 폭력을 쓰지만 심각하게 표현하기 때문에 당하는 사람들 처지에서는 심각한 상처를 입게 된다.

상처를 가장 많이 입게 될 때가 언제인가?

그때는 충격적인 사건을 경험하였을 때이다. 일회적이지만 아주 충격적인 일을 경험할 때이다. 충격적인 사건을 심리학에서는 '트라우마'라고 표현한다. 즉 혼이 나가고 넋이 나간 상태를 말한다. 부모의 무서운 표정과 화난 목소리, 그리고 신체적 폭력이 자녀들에게 가해진다고 상상을 해보라. 자녀는 심각한 상처를 입게 될 것이다.

네 번째는 가장 사랑하는 부모에게 상처를 입게 되기 때문이다.
사랑하는 부모는 자녀들에게 있어서 신과 같은 존재이다. 전능자와 같은 사람이다. 아이는 부모가 무엇이든지 할 수 있는 사람이라고 생각한다. 온전히 믿고 의지하는 사람이다. 그런데 신과 같은 전능자가 화를 내면서 야단을 치거나 못마땅한 눈빛으로 나를 바라볼 때 자녀의 마음에는 불안과 두려움이 생기며, 자신의 존재를 부정적으로 생각하게 된다. 그러므로 가정에서 부모의 분노는 대단히 무섭고 두려운 것이다. 그 영향력은 아이의 어두운 그림자가 되어 평생을 같이할 수도 있다.

다섯 번째는 대물림이 되기 때문이다.
억압된 상한 감정은 위로 받지 못한 채로 가슴에 깊이 묻혀 있다가 결혼을 하거나 힘을 갖게 되면 분노의 감정이 다시 살아나게 된다. 분노의 감정은 이후 지속해서 가정에서 표현되며 대물림이 될 가능성이 크다.

저자도 성장할 때 부모님과 내 동생들에게 화를 많이 냈다. 결혼해서는 배우자와 자녀들에게 화를 냈다. 처음에는 왜 화가 많이 나는지 이유를 몰랐다. 그러나 치유상담을 공부하면서 화의 뿌리를 알게 되었고 분노라는 감정을 잘 관리하는 삶을 훈련하게 되었다.

그동안 가족에게 화내는 아빠, 화내는 남편의 모습을 자주 보여주어 무척 미안하다. 상담 공부를 하면서 나 자신을 들여다보고 많이 변화되었지만 그래도 화는 간혹 난다. 그렇기에 더욱 진심을 담아 이 이야기들을 독자들에게 전할 수 있는 것이 아닐까 생각한다.

화내는 나, 그리고 가정이라는 곳은 어떤 관계가 있는 것일까? 그 비밀을 하나씩 풀어나가도록 하자.

:: 가정에서 화를 내는 방법은 사람마다 다르다

우리는 화를 낸다고 말할 때 꼭 소리를 지르고 욕을 하고 무슨 행동을 해야 화를 내는 것으로 생각하겠지만, 사실은 사람마다 화를 내는 방법이 다르다.

유형1 : 불같이 화를 내는 사람

작은 일에도 순간적으로 욱하는 감정이 올라와 큰 목소리로 화를 내는 사람이 있다. 가정에서는 화를 달고 산다고 보면 될 것 같다. 고요하고 순탄하게 흘러가다가도 순간적으로 화를 내어 가정의 분위기를 엉망으로 만든다. 또 화를 낼 때는 꼭 남 탓을 많이 하기도 한다. 화를 내는 이유도 다양하다. 내 생각대로 되지 않는다고 화를 내고, 말귀를 못 알아듣는다고 화를 내고,

행동이 느리다고 화를 낸다. 순간적으로 화를 폭발하고, 소리를 지르며 물건을 집어던지거나 짜증을 내고 언어적, 신체적 폭력을 쓰며 화를 내는 사람들이 있다. 그리고 모든 문제의 원인은 배우자나 자녀에게 책임을 전가하며 자신은 아무런 잘못이 없는 사람처럼 분노를 표현하는 사람도 있다.

유형2 : 화가 날 때 차분한 목소리로 이성적으로 표현하는 사람

어떤 사람들은 화를 내기보다는 분위기를 냉랭하게 하여 찬바람을 불게 한다. 감정을 폭발하지 않았기 때문에 분노 표현이 아니라고 말할 수도 있겠지만 정말 무서운 분노의 표현이다. 화가 난 감정을 이성적으로 생각한 후에 합리적으로 조용조용하게 논리적으로 설명하는 사람이 있다. 이들은 분위기를 냉랭하게 하고 찬바람이 불게 하는 방식으로 화를 낸다. 그러면서 자신은 아주 인격적인 사람으로 생각하고 화를 표현하는 사람들을 인격이 덜된 사람으로 취급하기도 한다. 자녀들이나 배우자에게 불만이 있을 때 감정적으로 격하게 분노를 표현하기보다는 표정이나 목소리와 억양을 차분하게 해서 찬바람이 날 정도로 분위기를 냉랭하게 하여 자신의 분노를 표현하는 사람이 있다.

유형 3: 잔소리로 표현하는 사람

모든 일에 간섭하고 하나하나 지시하고 챙겨주고 배려해준다. 귀찮을 정도로 해준다. 이런 사람들은 목소리도 크지 않다. 격한 감정으로 절대 화를 내지 않는다. 정말 화가 날 때는 은둔을 하거나 잔소리를 많이 하여 주변 사람들의 숨통을 막히게 하기도 한다.

이외에도 가정에서 화를 내는 방법은 다양할 것이다. 어떤 방법이든 간에 가정에서 화가 많이 나는 것은 사실이다. 그 화로 인하여 배우자와 자녀가 상처 입는 것 또한 사실이다. 아무리 신앙이 좋은 사람이라 할지라도, 인격적으로 훌륭하게 보이는 사람이라고, 예의범절을 강의하는 사람이라 할지라도 가정에서의 삶은 아무도 모른다.
그래서 이 책에서는 자아실현으로 인도하는 에너지요, 선도 아니고 악도 아닌 하나의 감정인 분노의 감정이 가정에서 왜 많이 나는지, 가정에서 화가 날 때 어떻게 관리하고 다스려야 하는지를 구체적으로 나누고자 한다.

1장

왜 배우자에게
화가
많이 날까?

사랑하는 남녀가
더 나은 삶과 행복을 위해 결혼을 했다.
그리고 남편과 아내라는 이름을 가졌다.
남편과 아내라는 이름을 가진 후,
우린 서로에게 쉽게 마음이 상하고 화가 난다.
남자와 여자로 살 때는
이 사람 없으면 못살 것 같아 결혼했는데
남편과 아내가 된 이후에는
이 사람 때문에 못 살겠다고 힘들어한다.
남자와 여자에서 남편과 아내라는 호칭으로
이름만 바뀌었을 뿐인데
도대체 무슨 일이 일어난 것일까?

아프다

이상열

아프다
마음이 아프다
너도 아프고 나도 아프다
우리 모두 아프다
가슴에 피멍이 맺히도록 아프다

아프다
남편은 아내로 인해
아내는 남편으로 인해 아프다
이 사람 없으면 못살 것 같아 결혼했는데
이 사람으로 인해 가슴이 아프다
가슴이 미어지게 아프다

아프다
부모의 마음이
자녀로 인해 아프다
너무너무 사랑하는데,
다 자식 잘되라고 하는 일인데
왜 이토록 내 마음을 몰라주는지
부모 마음이 가슴 터지도록 아프다

아프다
자녀들의 마음이
부모로 인하여 아프다
아빠의 마음도,
엄마의 사랑도
부모님의 헌신도, 다 아는데……
왜 이렇게 마음이 아플까?

아프다
마음이 아프다
너도 아프고 나도 아프다
영문도 모르고 답을 모르는 마음 때문에
우리 모두 아프다.

남편에게 화가 날 때!

- 자기만을 생각할 때
- 배우자가 과정 없이 결론만 이야기할 때
- 무시하거나 핀잔하듯이 말을 할 때
- 빨리하지 않고 느리게 하는 것에
- 의논하지 않고 일방적으로 결정할 때
- 답을 제시하거나 가르치려고 할 때
- 중요한 일을 미리 말하지 않고 임박해서 갑자기 말을 할 때
- 가정에 충실하지 않고 밖으로 돌아다닐 때
- 남들에게는 친절하고 가족에게는 거칠게 대할 때
- 거짓말을 하거나 약속 안 지킬 때
- 내 마음에 안 들 때
- 항상 내가 더 많은 일을 하거나 아이들하고 놀아주지 않을 때
- 아이들 야단칠 띠 배우자가 아이 편을 들어줄 때
- 바쁘다는 이유로 나를 내버려두거나 내 말을 건성으로 들을 때
- 경제적으로 어려운데 지출을 많이 할 때
- 일관성 없거나 계획이 순식간에 바뀔 때
- 대화가 안 되고 자기 주장만 할 때
- 고마움을 모르고 어떤 일이든 당연하다고 느낄 때
- 아이에게 심하게 야단을 치거나 폭력을 행하려고 할 때
- 시댁과 갈등이 생겼을 때 모두 내 탓이라고 나무랄 때
- 집에서 아무도 나를 도와주지 않을 때

- 믿음이 가지 않을 때
- 배우자가 힘들어하는 것을 안타까워하거나 도와주지 않을 때
- 자기 좋아하고 편한 것만 하는 이기적인 모습을 볼 때
- 아이에게 반복적인 잔소리를 연거푸 할 때
- 앞뒤 사정 모르고 눈에 보이는 대로 잔소리할 때
- 자녀들에게 화를 내거나 양육에 뜻이 맞지 않을 때
- 약속을 지키지 않을 때 자녀 훈육에 도움이 되지 않을 때
- 배우자가 책임회피를 할 때
- 언어적인 폭력을 쓸 때

아내에게 화가 날 때!

- 출근 때 남편에게 짜증이 난 말투로 대하거나 지적하거나 고치려고 할 때
- 일과를 마치고 지쳐서 집에 들어올 때 무관심하거나 투박하게 대할 때
- 퇴근 후에 수고했다고 인정받고 대접 받고 싶은데 안 해 줄 때
- 수고한 내 입장 배려 안 해주고 당연하다고 생각할 때
- 핵심을 빙 돌려서 말할 때
- 당연히 칭찬받는 일이라고 생각하고 말을 했는데 시큰둥할 때
- 자신을 존중해주지 않을 때
- 집에 도착하여 좀 쉬고 싶은데 집이 정리되어 있지 않을 때

- 미래에 대한 어떤 계획에 대하여 말했을 때 부정적으로 말할 때
- 내가 힘들어 하는 모습을 외면할 때
- 잠자리를 거부할 때
- 성관계에 대한 견해 차이가 생길 때
- 상대방을 조종하려고 화가 난 척을 할 때
- 자기는 잘못한 것이 없고 배우자와 자녀 탓을 할 때

위와 같은 상황 외에도 화가 나는 이유는 많이 있을 것이다.
더 추가하고 싶은 것은 무엇인가?
위의 글을 읽고 당신에게 해당하는 것이 있다면 어떤 것이 있는가?
그리고 배우자에게 해당하는 것이 있다면 어떤 것이 있는가?
남편과 아내의 마음 깊은 곳에 어떤 것이 있기에 배우자에게 화를 많이 내게 되는 것일까?

1 가정, 애정이 확인된 곳

사랑하는 사람과 결혼을 하여 가정을 이루게 되면 상대로부터 애정을 확인하게 된다.
결혼식은 '이제는 당신과 나는 한 가족이다. 하나이다. 완전체이다.'라는 것을 서로 인정하는 공식적인 자리이다. '하나님이 짝지어주신 것을 사람이 나누지 못하느니라.'라는 의미가 담겨있으며 이제 두 사람이 하나라고 공인하는 도장을 찍은 것이다. 결혼을 통하여 나의 가정이 탄생하게 되는 것이다. 가정은 어느 공동체보다 사랑하는 사람들이 생활하는 곳이다. 나를 향한 애정이 확인된 곳이다. 가정보다 아름다운 공동체는 없을 것이다. 그래서 가정을 '창조의 완성'이라고 부른다.

가정은 '애정이 확인된 곳'이기에 내가 무엇을 어떻게 해도 가족이 나를 떠나지 않을 것이라는 믿음을 갖고 있다. 가정에서는 감정의 가면을 쓰며 살아야 할 이유가 없다. 그래서 성장하면서 위로 받지 못한 상한 감정들이 자신도 모르게 무의식적이며 자동으로 불쑥불쑥 튀어나온다.

애정이 확인된 곳이기 때문에 부부가 서로 사랑하견서도 상대방에게 화를 내게 된다. 신혼 초기에는 육체의 신비로움과 낭만적 사랑, 그리고 돕는 배필이 되기 위해 노력을 하기에 화를 많이 내지는 않지만 3년 정도 지나게 되면 낭만적 사랑은 빠져나가고 불만이 생기기 시작하며 분노가 나기 시작한다.

꼭 기억해두자!
애정이 확인된 곳일수록 상호존중이 필요하다. 가정에서 절대적으로 필요한 것은 서로 존중하고 배려하는 삶이다.

애정이 확인된 곳에서는 사랑이 충만해야 하는데 왜 화가 날까?
성장하면서 위로 받지 못한 상한 감정이 자연스럽게 고개를 내밀며 자신을 주장하기 때문이다.
사랑해서 한평생 같이 살기로 결단을 하고 결혼을 한다. 가정을 이루고 나면 생각지도 못한 감정의 변화가 일어난다. 연애 시절에는 상상도 하지 못한 일들이 결혼한 후에는 무의식 속에 억압된 부정적인 감정이 거침없이 표현된다. 과거에 우리가 성장한 원가족 안에서는 표현할 수 없었던 감정들이 이제는 사랑이 확인된 곳, 즉 내가 무엇을 해도 나를 떠나지 않을 것이라는 확신과 안

정감이 보장된 새로운 가족이 형성되었을 때 한꺼번에 우리의 의식 속으로 표출된다.

가정에서 사랑하는 배우자나 자녀에게 부정적 감정이 순간적으로 솟아오를 때 '이 감정은 내가 과거에 위로 받지 못한 감정이 30년 가까이 억압되어 있다가 표출되는 감정입니다.'라고 말을 하는 법이 없다.

현재 내가 화를 내고 있다고 가정해보자. 이 '화'는 과거에 상처 입은 감정이 현재 삶에 발현되고 있다는 것을 아는 사람은 그렇게 많지 않다. 모르기 때문에 사랑하는 가족에게 거침없이 표현하게 되고, 자신이 과거에 겪었던 감정을 가슴 깊이 묻어놓고 오히려 현재의 배우자나 자녀의 어떤 행동 때문에 화가 났다고 말한다.

::**감정의 출처를 발견하라**

가정에서 화가 날 때 자신의 '화'라는 감정의 출처를 발견하는 것이 중요하다. 이 감정이 현재 배우자나 자녀에게 나는 분노인지 아니면 과거의 미해결된 감정에서 연유된 것인지 반드시 알아야 한다.

살아오면서 상한 감정이 위로를 받을 때도 있었지만 위로 받지 못하고 미해결된 감정으로 남겨졌을 수도 있다. 그동안 위로 받지 못한 감정을 감추고 억누르며 살아왔고 방어기제를 잘 활용하여 분노를 조절해왔다. 그런데 사랑에 빠져 가정을 이루게 되면서 그 사랑이 과거의 억압된 마음을 열어도 괜찮을 것처럼 느끼게 하였다. 마음을 열고 감정을 표현하기 시작하게 되고 사랑하면서부터 서로 고통을 느끼게 되는 것이다.

내 가슴 속에 위로 받지 못한 감정이 수십 년 동안 무의식의 어두운 곳에서 울고 있었다. 울고 있던 감정들은 스트레스 받고 힘들 때도 많이 나타나지만 의외로 기분이 좋을 때 많이 나타난다. 예를 들어 휴가를 가거나, 외식을 하거나, 새로 집을 구매했거나, 결혼식에 참석하거나, 승진을 하거나 많은 돈을 벌어서 큰일에 쓰려고 할 때와 같이 기쁜 일이나 행복하고 기분이 좋을 때도 많이 일어날 수 있다.

:: 아빠는 이렇게 좋은 날, 왜 짜증을 내세요?

54번째 맞이하는 나의 생일이었다.
아침에 딸이 내게 다가와 팔장을 끼며 이렇게 말했다.
"아빠, 저를 낳아주시고 잘 길러 주셔서 정말 감사합니다. 지금까지 저의 생일 때 부모님으로부터 받기만 했는데 이번 아빠의 생일은 제가 부모님을 모시고 식사를 대접하겠습니다."
아이의 마음이 너무 기특해서 그렇게 하라고 했다.
그런데 무엇을 먹을지 메뉴를 결정하다가 마음이 약간 상할 뻔했다. 서운한 마음을 살짝 뒤로 감추고 식구들이 모두 회를 먹자고 해서 그러자고 하고, 식당을 정하였다.
식당으로 이동하는 중에 나는 아이에게 무심코 이런 말을 했다.

아빠   비싼 것 먹으나 된장 한 그릇 먹으나 다 똥 되어서 나오는데 뭘 그렇게 비싼 것을 먹으러 가려고 하지?

딸   아빠, 제가 모처럼 대접하는데 이왕이면 좋은 데 가고 싶어요.

아빠   아빠는 성장할 때 돈 10원이 없어서 소풍을 못 갔어. 가능하면 돈을 아끼고 가까운 식당에 가서 식사해도 되는데…….

이렇게 말을 하고 있는데 순간 아내가 말을 끊고 이렇게 말했다.
"여보! 주차는 여기에 해야 하는데…."
난 순간적으로 짜증이 났다. 이미 마음이 살짝 상해있는데 아내가 끼어들어 그런 말을 하니까 갑자기 욱하는 성격이 나왔다.
"그럼 여기서 중앙선을 넘어서 좌회전하란 말이야?"

사실 짜증 낼 일은 아니었다. 그런데 짜증이 났다. '지금 온 가족이 기분 좋게 외식하러 가는 길인데 왜 나는 짜증이 날까? 왜 화를 내고 만 것일까?' 나는 주차를 하면서 화를 낸 이유를 곰곰이 생각해 보았다.

나의 가난했던 어린 시절과 밀접한 관계가 있었다. 그리고 내가 무슨 감정을 표현하든 나를 향한 애정이 확인된 나의 가족이고 내가 힘을 가졌으니 보복당할 위험이 없기에 순간적으로 화를 격하게 표현하는 것을 깨닫게 되었다.

2   가정, 보복의 두려움이 없는 곳

사회생활이나 대인관계에서는 자신의 감정을 그대로 표현하거나 분노를 표현하게 되면 불이익을 당할 수 있고, 보복의 두려움이 있어서 화가 나거나 스트레스를 받아도 자신의 화난 감정을 억압한다. 그러나 가정에 들어오면 밖에서 억압된 감정이 무장해제가 되어 눌려 있던 감정은 거침없이 표현되고 만다.

가정은 애정이 확인된 곳이고 혈연공동체이기에 내가 어떤 일을 해도 보복당할 것이라는 두려움이 없다. 그래서 부부 사이에서도 서로에게 화를 내고 부모도 아이에게 화를 내고 자녀도 부모에게 화를 낸다. 어떻게 보면 가정은 분노와 짜증을 내도 괜찮다고 특권을 준 공간처럼 보인다.

가정이든 사회이든 보복의 두려움이 있다면 분노를 많이 내지는 않을 것이다. 가정에서 화를 많이 내는 이유는 사랑이 확인된 곳이기에, 보복에 대한 두려움이 없기 때문이 아닐까? 그런데 이쯤에서 질문하나! 보복의 두려움이 없다고 정말 그래도 괜찮은 걸까?

:: 차근차근 설명하면 되는데 왜 화를 불같이 내었을까?

2015년 봄 어느 날.
대구에서 어린이집 부모 교육 강의를 마치고 밤늦게 집으로 오는 길이었다. 남대구 톨게이트에서 고속도로로 차를 올려야 하는데 두 갈림길이 나왔다. 우측으로 가면 창원·마산 방향으로 가게 되고 좌측으로 진입하면 포항으로 가게 된다. 좌측으로 곧바로 진입할 수가 없기에 직진을 했다가 유턴을 해야 하는 길이었기에 나는 직진을 하고 있었다.
그때 아내가 이렇게 물었다.
"여보! 왜 고속도로로 안 올라가고 직진을 해요?"라고 했다.
이때 난 순간적으로 짜증 난 목소리로 "여기서는 올릴 수가 없고 유턴을 해서 돌아온 다음에 그 길로 들어갈 수 있어."라고 했다.
어느 정도 길을 달려왔는데 유턴 자리가 나타나지 않게 되자 아내가 다시 물었다.
"여보! 길을 잘못 든 것이 아니에요?"

난 순간적으로 짜증이 났다.
'그냥 믿고 기다려주면 될 것인데 왜 자꾸 말을 하지?'라는 생각이 머리 위로 스쳐 가는 순간 내 입에서는 험악한 말이 나오고 있었다.

"내가 아까 말했잖아. 좀 더 가면 유턴 자리가 나온다니까. 짜증나게 하지 말고 조용히 좀 있어요!"라고 말했다.

아내는 속이 상했는지 말없이 조용하게 있었다. 그리고 잠시 후 유턴을 해서 고속도로로 차를 올리게 되었다.
어느 정도 시간이 흐르고 나서야 나는 제정신으로 돌아왔다.
아내에게 너무 미안해서 이렇게 말을 했다.
"여보! 차근차근 설명해도 되는데 내가 너무 짜증 내고 화난 목소리로 말을 해서 속상했지요? 미안해요. 고치려고 해도 참 잘 안 되네요. 내 성질이 좀 더러운 줄 알고 이해해줘요."

아내는 이렇게 말했다.
"당신 성질이 거칠다는 것을 한두 번 경험한 것도 아닌데 뭐. '오늘도 그 속에서 늑대가 울고 있구나.' 하고 생각했어요. 괜찮아요."
이렇게 사과를 한 후에 내가 아내에게 보복의 위험이 있는 관계였다면 아주 친절하고 다정하게 설명을 했을 텐데 그만 당신이 받아 줄 것으로 생각하고 그렇게 말한 것을 미안하다고 말했다.
아내는 이렇게 대답했다.
"보복의 두려움이 무서워서 조심해야 할 것이 아니라 목사니까 당연히 그래야 하는 것 아니에요? 알면서도 왜 그렇게 짜증을 내면서 말해요? 나는 당신이 더 화를 낼까 봐 하고 싶은 말도 못했어요."

그렇다. 만약에 보복의 두려움이 있는 관계였다면 내가 어떻게 표현했을까?

아주 인격적이고 상대방을 존중하는 대화를 했을 것이다. 아무리 속이 상하고 무시를 당하는 일을 경험했다 할지라도 목소리부터 조심하며 부드럽고 따뜻하게 인격적으로 대답했을 것이다.

3　가정, 상한 감정이 주인 노릇하는 곳

사회 공동체는 이성체제이며 합리적이고 논리적인 체제이다. 이 사회공동체 속에서 사는 동안에는 우리의 방어기제가 자동으로 작동하여 자신의 감정을 적절하게 억압하고 잘 조절하면서 살아간다. 그래서 기분이 약간 나빠도 참고 인내하며 이성적이고 인격적인 대화를 하게 된다.

그러나 가정은 이와는 사뭇 다르다.

∷ 가정은 감정체제이다

'감정 덩어리'라고 표현하는 것이 더 어울릴 듯하다. 가족 구성원이 일을 하든, 대화를 하든, 무엇을 하든 간에 방어기제는 자동으로 허물어지고 감정의 지배를 받아 감정에 휘둘리는 행동을 하게 된다. 심지어 회사나 학교에서 받은 스트레스가 억압되어 있다가 가정에서 가장 만만한 사람에게 표출되기도 한다.

이상하게 가족들과 대화하면 두 세 마디만 오고 가도 짜증을 내거나 강압적이 되거나 화를 내게 된다. 이처럼 가정은 지나치게 감정으로 밀착되어 있다.

가정은 방어기제가 허물어지는 곳이다.
우리가 살아가면서 불안과 두려움을 느낄 때가 있다. 이때 방어기제는 우리에게 유익을 준다. 대표적인 방어기제는 억압이며 억제이다. 그러나 가정에서 가족들과 함께 있을 때 방어기제는 자동으로 해제된다. 그래서 사회에서는 합리적이고 인격적이고 논리적인 사람도 가정에 들어오면 감정의 지배를 받아 분노와 짜증을 많이 내게 되고 밖에서 억압했던 감정까지 폭발할 가능성도 크다. 이성보다는 감정이 우세한 상황이 되는 것이다.

가정에서는 창조적인 행동을 하기보다는 자기 자신을 위한 감정 반사 행동을 많이 한다.
'감정 반사 행동'이란 상대방의 행동에 의식을 갖고 합리적으로 반응하기보다는 순간적인 감정과 상대방의 태도에 감정적으로 반응하는 행동이다. 감정 반사 행동은 아주 미묘한 행동에서부터 분명하게 드러나는 행동에 이르기까지 아주 다양하다. 외부의 작은 자극에도 쉽게 화를 내는 행위나, 작은 일에 목소리가 커지고, 별것도 아닌데 심각하게 생각하거나, 몸이 아픈척하거나, 분위기를 차갑게 만드는 경우, 불리한 상황에서 애교를 떨고 매력을 발산하거나, 행동을 느릿하게 해서 상대방을 조종하는 등 다양한 모습으로 나타난다.

진짜 무서운 것은 이것이다!
가정에서의 감정 반사 행동은 자동적이며, 무의식적이기 때문에 노력할 필요 없이 자연스럽게 나온다. 아주 익숙하며 몸에 배어 있는 자연스러운 행동이라는 것이다.

사회에서는 창조적인 행동을 한다.
'창조적 행동'이란 내가 할 수 있는 일들 가운데 공동체와 사회에 유익을 주는 행동을 말한다. 내가 하기 싫어도, 감정이 상하여도 자신의 감정이나 의사 표현을 적절하게 무의식 속으로 밀어 넣고 공동체와 사회에 가장 유익을 주는 행동을 한다. 합리적이고 이성적으로 유익을 주는 창조적인 행동을 한다.

:: 여보! 이쑤시개 어디 있어요?
어느 날 저녁 식사를 막 끝낸 후였다.
"여보! 이쑤시개 어디에 있어요?" 하고 물었다.

아내는 이렇게 말한다.
"거~~기 있어요."
나는 자연스럽게 그곳으로 향했다. 그곳에 가서 두리번거리며 찾았지만 내 눈에는 보이지 않았다. 그리고 약간 짜증 난 소리로 이렇게 말한다.

"거기? 어디 있어요?"
아내는 안방에서 다시 이렇게 답한다.
"거기 있다니까…. 식탁 위에 있어요."
아내는 조금 짜증 난 소리로 대답을 한다.

나는 더 크고 화난 목소리로 이렇게 말했다.
"식탁에 와서 찾고 있는데 안 보이네. 도대체 어디 있는 거야? 빨리 와서 찾아줘."

그때 아내는 성큼성큼 식탁으로 걸어와서 단번에 찾아들고 내게 이렇게 말한다.
"여기 있네요. 눈은 어디에다 두고 이것도 못 찾아요. 뭘 제대로 하는 것이 하나도 없어요." 아내는 다시 안방으로 들어갔다.

나는 화가 났지만, 한편으로 미안하기도 했다.
그런데 신기하다. 이쑤시개는 바로 내 눈앞에 있었는데 왜 내 눈에는 보이지 않았던 걸까?

만약에 사회였다면 어떻게 대화를 했을까?
아주 부드러운 목소리로 이렇게 말했을 것 같다.
"아주머니, 이쑤시개는 어디에 있어요?"
아주머니도 "거기 있어요."라고 말하지 않고 아주 친절하게 안내를 해 주었을 것이다. 만약에 아주머니가 약간 퉁명스럽게 "카운터 앞에 있어요."라고 해도 나는 친절하게 "그래요, 고맙습니다." 라고 말했을 것이다. 약간의 기분이 상한 일이 있을지라도 깨닫게 해주셔서 감사하다고 말했을 것이다.

그런데, 그런데 왜 가족끼리는 대화할 때 대놓고 화를 내는 것일까?
정말 그렇다. 누구든 상관없다.
가족 아닌 사람이 한사람이라도 가족 가운데 있는 상황이라면 우리는 감정 반사 행동을 하기보다는 창조적 행동을 할 것이다.

사회에서 자신의 감정을 이성으로 조절을 잘하듯이,
방어기제로 자신의 감정을 잘 통제하듯이,
공동체의 유익을 위해 가장 유익한 창조적 행동을 하듯이
이제 가정에서도 변화를 시작해보자.
감정 반사 행동을 하기보다는 창조적 행동을 선택하자.
나, 그리고 내가 사랑하는 모두에게 가장 유익한 행동을 선택하고 행동으로 실천해보자.

4 가정, 내면아이가 활동하는 무대

심리학자 휴즈 미실다인 W. Hugh Missildine은 『몸에 밴 어린 시절』이라는 저서에서 '결혼은 두 명이 하는 것이 아니라 네 명이 한다.'라고 말했다. 성인 두 사람과 내면아이 두 사람이 산다는 것이다. 가정은 내면아이가 산다는 말보다는 내면아이가 주인이 되어 삶을 난장판으로 만든다는 표현이 더 맞을지도 모른다. 내면에 있는 아이가 건강하다면 더할 나위 없이 좋겠지만 내면아이가 울고 있다면 그 울음은 분노와 짜증으로 표현되어 건강한 가정생활을 파괴하는 주범이 될 수 있다.

결혼 이후에 우리 속에 살고 있는 내면아이가 미치는 영향은 강력하다.
성인이라는 껍데기 속에서 결혼 전까지 숨죽이고 착한 모습으로 모범생인 척 움츠리며 존재해 왔다. 아마도 그저 존재한다기보다는 왕성하게 살아있다는 표현이 더 상황을 잘 설명한 것일지 모른다. 공식적인 자리에서는 매우 공손하고 인격적으로 되지만 가정으로 들어오면 자신도 모르게 내면아이에게 지배를 당하게 된다. 내면아이에게 지배를 당한 성인은 가정에서 분노와 짜증을 거침없이 표현한다.

만약에 내 안에 울고 있는 내면아이가 부부생활을 한다고 가정해보자.
내 안에 상처 입은 내면아이가 자녀를 양육한다고 생각해보자. 몸은 이미 장성한 사람이 되었고, 경제와 권력도 갖고 있고 체면과 체통을 유지하는 직위도 갖고 있다. 자기만의 진리인 고정관념과 가치관, 신념을 갖고 있다. 그런데 상처 입은 아이가 가정에서 울고 있다고 생각해보라. 당신의 가정에서 어떤 일이 일어날 것인가?

가정이라는 곳은 내면아이가 주인 행세를 하는 곳이다.
내면아이가 건강할 때 행복이 창조된다. 그러나 내면아이가 건강하지 못하면 분노와 짜증 덩어리가 되는 곳이 가정이다.

이 책의 원제목은 『집구석에 귀신이 붙어 있느냐 왜 그렇게 가정에서 화를 많이 내느냐』다. 이렇게 생각한 이유는 아주 인격적인 사람도 집에만 들어오면 화를 달고 살기 때문이다. 집에서 화가 많이 나는 이유는 집의 어느 구석에 귀신이 있어서 화를 많이 내는 것이 아니라 내 안에 울고 있는 내면아이가 있어서다.

내면아이가 없는 채로 살라는 것이 아니다. 내면아이는 없어지지 않는다. 개인의 내면아이를 건강하게 만드는 것이 중요하다. 그래야 가정이 건강하고 행복해지며 자녀 양육이 올바르게 될 수 있다. 내면아이가 아이를 양육한다고 생각해보자. 애가 애를 키운다면 도대체 어떤 일이 일어날 것 같은가?

내면아이는 장성한 성인이라는 껍데기 속에서 왕성하게 활동하며 살고 있다. 중요한 것은 내면아이가 '건강하게 활동하느냐, 아니면 슬프고 고통스럽게 울고 있느냐'의 문제이다. 내면아이를 건강하게 만드는 것이 행복한 부부의 삶, 건강한 자녀 양육의 토대가 되며 인격 성장에 필수적인 요인이 된다.

- 가정에서 드러나는 자신의 내면아이를 보라.
- 자녀를 양육하면서 자신의 내면아이를 찾아내라.
- 아이들에게 화를 내지 말고 부모가 먼저 성장하는 기회로 삼아라.
- 자녀들이 나의 인격을 성장시키는 최고의 스승이라고 생각하고 자녀에게 화를 내지 말고 내면아이를 성숙시켜라. 부모가 변하면 자녀의 얼굴에는 영원한 웃음꽃이 피게 될 것이며 밝

은 미래가 펼쳐질 것이다.

∷ 당신이 진정으로 행복한 삶을 원한다면 배우자를 옆집 사람 대하듯이 하라

부부 심리학 강의를 할 때 나는 아내들에게 이렇게 말한다.
"정말 행복을 원하신다면 남편을 옆집 아저씨 대하듯이 하세요."

이 말 속에는 깊은 뜻이 담겨 있다.
생각해보자. 옆집 아저씨는 여러분을 인격적으로 대할 것이고 사소한 것을 잘 배려할 것이며, 대화도 해결책을 제시하지 않고 잘 들어줄 것이다. 작은 일에도 마음을 잘 공감해줄 것이며 기분을 알아줄 것이다. 당신은 옆집 아저씨가 작은 것을 도와주어도 얼굴에 미소를 지으며 "감사합니다. 고맙습니다."라고 인사를 할 것이다.

아내가 미소 짓는 얼굴로 하는 "감사합니다. 고맙습니다."라는 말은 여러분의 남편이 가장 듣고 싶어 하는 말이다. 그 말을 옆집 아저씨에게는 잘하는데 남편에게는 잘하지 않는다. 작은 것을 도와주면 당연한 것으로 생각한다. 이제는 당연한 것이라도 "고마워요."라는 말로 마음을 전하자. 그러면 행복의 나비가 당신에게 날아올 것이다.
그리고 당신이 반드시 알아두어야 할 것이 있다. 여러분에게 다정한 옆집 아저씨는 자신의 집에 들어가면 여러분 남편과 똑같은 모습일 것이다.

　　　　　남편들에게는 이렇게 말해준다.
정말 아내를 행복하게 해주고 싶다면 옆집 아줌마 대하듯이 하라고 강조한다. 대부분 남편은 대인관계에서 만나는 사람들에게 아주 친절하고 부드럽고 따뜻하게 대한다. 옆집 아줌마가 말을 하면 얼마나 경청을 잘하는지 모른다. 고개를 끄덕이며 긍정적 반응을 하면서 진심으로 들어준다. 남편들은 명심하자. 아내들에게도 옆집 아줌마에게 하듯이 아내가 하는 말에 귀 기울이고 진심어린 경청을 실천해보자. 아내는 분명히 감동할 것이다.

이웃집 사람처럼 대하라는 말의 의미는
첫 번째 배우자를 성인으로 대하고
두 번째 자신도 성인으로 관계를 맺고
세 번째 인격적으로 대하며
네 번째 감사와 상호 존중하는 마음을 갖고 대하라는 뜻이다.

5 가정, 내면의 상처가 왕 노릇하는 곳

　　　　　　이 세상에 상처 없는 사람은 아무도 없다. 단지 상처 없는 것처럼 살고 있을 뿐이다. 상처를 입을 때마다 상처받은 모습이 너무 싫고 초라하여 밖으로 표현할 수 없기에 아무도 모르게 상처 입은 것을 재빨리 싸매어 버린다. 상처를 치유하지 않은 상태에서 붕대나 반창고로 응급 처치를 하고 상처를 받지 않은 것처럼 행동한다. 그러나 그 상처를 올바르게 치유하지 않았기 때문에 싸매어 놓은 반창고 틈으로 고름이 새어 나온다. 겉으로는 봉합이 되었는데 내면은 곪아가고 있다. 내면에 곪아 있는 상처는 대인관계에서나 사회생활에서는 잘 나오지 않는다. 상처가 드러나려고 하면 임시방편으로 붕대를 더 많이 감고 표가 나지 않게 살아간다. 그런데 결혼을 하여 가정을 이루게 되면 사랑하는 배우자와 자녀들에게 상처에서 더러운 농들이 흘러나와 행복을 방해한다. 농들은 마음에 있을 때는 열등감이나 수치심으로 자신을 힘들게 하지만 표현될 때에는 분노로 표현될 가능성이 크다.

∷ 내적인 상처가 많은 사람은 겉으로는 웃고 있는데 내면은 울고 있다

사람의 얼굴은 크게 두 가지이다.
첫 번째는 밖으로 표현되는 외적인 얼굴이며 두 번째는 속마음을 표현하는 내면의 얼굴이다.

대부분 사람들은 밖으로 표현되는 외적인 얼굴은 환하게 웃고 있지만, 속마음을 표현하는 내면의 얼굴은 울고 있을 때가 많다. 특히 상처가 많은 사람일수록 더 심하다.
외적인 얼굴은 대인관계, 사회생활, 공식적인 환경에서 나타난다. 상처가 많은 사람은 공식적인 상황에서는 얼굴에 미소를 짓고 있으며 자신감을 느끼고 살아간다. 하지만 내면에는 열등감과 수치심 그리고 평가에 대한 민감함이나 거절당함에 대한 두려움 등 다양한 감정들이 있다.

울고 있는 내면의 얼굴이 가장 솔직하게 드러나는 곳은 바로 가정이다.
가족에게 분노, 짜증, 고집, 왜곡된 인지, 자기만의 진리, 언어적 폭력, 더 심하게는 신체적 폭력으로 그 모습을 드러낸다.
몸의 상태에 따라서도 차이가 나는데 특히 스트레스 상황이거나 몸이 아플 때는 더 쉽게 나타난다. 사회 속 대인관계에서는 스트레스를 받거나 몸이 아플 때도 감정을 잘 조절하던 사람이 가정에 들어오면 긴장을 풀고 내면의 얼굴을 고스란히 드러내며 분노와 짜증을 내게 된다.

정말 이상한 일이 아닌가!
가장 사랑하는 사람들이 결혼하여 한 가정을 이루어 더 나은 삶을 공유하길 원하는 곳에서 화를 많이 낸다. 밖에서는 인격자이지만 가정에 들어오면 폭군으로 변하는 사람도 있다. 밖에서는 밝은 미소를 띠며 다정다감하지만, 가정에 들어오면 짜증과 신경질을 내는 사람들이 의외로 많다는 사실에 놀란다.

당신의 가정은 어떠한가? 당신의 삶은 대인관계나 가정에서 일치와 조화를 이루고 있는가?

외적인 얼굴도 환하게 웃지만, 내면의 얼굴도 환하게 웃으면 얼마나 좋을까?
대인관계에서도 환하게 웃고 가정에 들어와서도 훈훈한 마음으로 빙그레 웃는 얼굴, 환하게 미소 짓는 얼굴로 살면 얼마나 좋을까?

::**아버지가 너무 싫어요. 아버지가 믿는 하나님도 싫어요**
이 말은 가출한 여고생이 상담을 와서 한 말이다.
"목사님! 저 어떻게 해요? 집이 너무 싫어요. 아버지도 싫고 아버지가 믿는 하나님도 싫고 이제 너무 지쳤어요. 너무 힘들어요."라고 했다. 그리고 이렇게 말했다.

"아버지는 밖에서는 정말 잘해요. 교회에서도 교회학교 교사로 봉사를 하고 있습니다. 아주 순종적이고 착합니다. 그런데 집에만 오면 폭군으로 변합니다. 어머니와 언니, 나에게 대하는 태도를 보면 인간이 아닌 것 같습니다. 내가 TV를 좀 오래 본다고 화를 내고, 그래도 안 되면 TV를 부숴버리겠다고 위협을 하고, 실제로 집어 던져서 깨어지기도 했습니다. 어떨 때는 어머니에게 욕설을 하고 부엌에 있는 칼로 위협을 하기도 해요. 그리고 의심이 많아요. 어머니에게 수시로 전화를 해서 집에 있는지 없는지를 확인해요. 제때 전화를 안 받으면 그날 저녁에는 전쟁이 일어나게 됩니다. 그런데 밖에 나가면 그렇게 잘해줘요. 사랑을 고백하고, 챙겨주고, 옷도 잘 사주고 원하는 것을 다 해줘요. 남들은 아빠와 엄마를 잉꼬부부로 불러요. 그런데 집에만 오면 폭군으로 변하고 의심을 해요. 엄마가 너무 힘이 들어서 아빠를 피해 외갓집에 갔었는데 아빠는 외갓집에 가서 난동을 부렸어요. 전 어떻게 해요? 너무 힘들어요."라고 상담을 청했다.

상담을 받는 중에 아버지는 자신에게 의처증이 있다는 사실을 자각하게 되었다. 그리고 의처증이라는 병이 사랑이라는 가면을 쓰고 자신을 지배하였다는 것도 알게 되었다. 교회와 사회생활에서의 자신과 가족에서 모습이 너무 다름을 알고 수없이 고치려고 기도하며 노력을 해봤지만 잘되지 않았다고 고백하였다. 치유상담을 하는 중에 아버지는 자신의 어린 시절을 묵상하게 되었다. 울고 있는 내면아이를 보게 되었다. 부모가 싸울 때마다 어머니는 집 밖으로 나갔다. 아버지는 무서웠고, 어머니는 밖으로 나갔기에 불안과 두려움에 떨면서 울고 있는 내면아이를 볼 수 있었다.

이 아버지는 치유 사역을 통하여 어머니를 만나는 작업을 하였고, 내면에 울고 있는 아이를 만나는 작업을 통하여 의처증이 조금씩 치유되기 시작하고 속사람이 웃음을 되찾기 시작하였다.

필자의 모습도 마찬가지였다.
밖에서는 존경받는 목사이고, 인격자의 삶을 살았지만, 가정에서는 폭군까지는 아니더라도 절대 권력을 가지고 상한 감정의 칼을 마음대로 휘둘렀던 것 같다. 내 마음대로 성질을 내고 쓴 뿌리의 지배를 받으면서 살았다. 내 마음 깊은 곳에 있는 상처에서 나오는 고름을 아내와 아이들에게 준 것 같다. 그래서 아내는 결혼 7년 차에 심각한 고민까지 하였지만 나는 그때 아내의 고민조차 몰랐고 나는 아무 잘못이 없는 사람으로 생각했었다. 치유상담을 공부하면서 내가 얼마나 부끄럽고 못난 사람인가를 알았다. 교회에서는 인격적이고 하나님의 나라가 이루어진 삶을 살았는지는 모르겠지만, 가정에서는 상처 입은 내면에 있는 깊은 상처가 휘두르는 대로 왕 노릇 하며 살았던 것 같다. 그래서 최현주 목사님이 쓴 『위장된 분노의 치유』 책의 내용이 더 가슴에 와 닿았는지도 모르겠다.

∷내면의 상처는 우리를 특별히 더 예민하게 반응하도록 만든다.

누가 보도 심각한 상황이 아니다. 그런데 격하게 반응하는 부분이 있다면 그것은 현재 문제가 아니다. 과거의 치유 받지 못한, 위로 받지 못한 감정이 올라오는 것이다.

예를 들어 보자. 내가 오른팔을 다쳤다고 가정한다. 오른팔을 다친 채 양복을 입고 거리로 나갔다. 그때 누군가 지나가다가 나의 왼쪽 팔을 건드리면 예민하게 반응하지 않는다. 그러나 오른팔을 건드리게 되면 아주 예민하게 반응하며 통증을 호소하거나 화를 낼 수 있다. 그 이유는 상대방에게 있는 것이 아니다. 내 양복 안에 있는 오른팔에는 상처가 있기 때문이다. 지나가는 사람이 남들에게 보이지 않는 나만 알고 있는 상처를 건드렸기 때문이다.

가정이나 사회에서 예민하게 반응을 보이는 곳이 있다면 틀림없이 과거의 어떤 상처와 관련이 있다. 객관적인 입장에서 보면 전혀 화날 일이 아닌데 불같이 화를 내는 사람들이 간혹 있다. 그 또한 과거의 해결되지 못한 어떤 상처와 관계가 있음을 알 수 있다.

특별히 그럴만한 상황이 아닌데 예민하게 반응하는 일이 있다면 어떤 것일까?
필자는 "당신은 어떻게 말귀를 못 알아듣는 거야?"라고 누군가가 말을 하면 갑자기 화가 치밀어 오른다.

:: 남편이 술을 마시고 오면 그냥 화가 나요

40대 후반의 여성이 상담실을 찾아와서 고민을 털어놓았다.
"남편이 술을 마시고 오면 그냥 화가 나요."
왜 화가 나는지 물어보니까 그냥 화가 난다고 했다.
남편이 술을 마시고 오면 어떻게 하는지 물었더니 남편은 집에 들어와 그냥 잠을 잔다고 했다.
이분의 어린 시절을 들어보기로 했다.
"저는 어릴 때 아주 행복했어요. 그런데 아버지가 술만 드시고 오시면 그 날에는 모든 행복이 깨어졌지요. 술을 드시지 않으면 아버지는 인자하고 자상하셔서 우리에게 너무 잘해주셨어요. 그런데 술만 드시고 오면 엄마와 싸우셨어요. 우리는 늘 긴장할 수밖에 없었어요."

남편이 술을 마시면 이유 없이 화가 나는 것은 바로 아버지에 대한 미해결된 감정이 남편에게 투사되어 나왔기 때문이다. 그래서 이분에게 이렇게 말씀드렸다.
"아버지가 술을 드시고 오시면 폭력과 싸움이 일어났지만, 남편은 잠을 청하시네요. 남편분도 아내의 예민한 반응을 이해할 수 없었을 것입니다. 이것이 부부 사이에 갈등을 일으키는 요인이었던 것입니다. 이제 남편을 남편으로 바라보세요. 남편은 아버지가 아니니까요. 아버지라는 창을 통하여 남편을 보지 않도록 해보세요."

이러한 내면의 상처가 사회생활에서는 힘을 발휘하지 못하다가 가정에서 폭군 행세를 하므로 바로잡아 주어야 한다. 행복한 가정 부부의 삶과 가정을 위해서는 내면의 쓴 뿌리가 왕 노릇 하지 못하게 해야 한다. 쓴 뿌리를 치유하는 방법은 마지막 장에서 다루기로 한다.

6 가정, 첫사랑의 그림자가 주인 노릇을 하는 곳

당신은 첫사랑을 몇 살 때 경험했나요? 당신의 첫사랑은 누구였나요? 기억을 더듬어 올라가 보자. 당신의 첫사랑은 당신의 부모다. 여자에게는 아빠가 첫사랑이며 남자라면 엄마가 첫사랑이다.

첫사랑에는 두 가지 감정이 있을 수 있다. 하나는 첫사랑을 이상화하는 것이고, 다른 하나는 첫사랑을 평가 절하하는 것이다. 이 두 가지를 각각 살펴보기로 하자.

∷ (1) 이상화된 첫사랑의 그림자

이상화란 무엇인가?

이상화란 내가 원하는 가장 선하고, 경이롭고 완벽함을 의미한다. 만약에 당신이 첫사랑을 이상화했다면 나의 첫사랑(엄마, 또는 아빠)이 나에게 너무나 잘해주었다는 것을 의미한다. 내 첫사랑은 내가 원하는 것이면 무엇이든 다 해주었다. 어릴 때부터 내가 힘들다고 하면 업어주고, 내가 아프다고 하면 병원에 데려다주고, 학교에 갈 때 매일 매일 태워주고 태워오고, 사고 싶은 것, 갖고 싶은 것을 알아서 나를 만족하게 해 주었다. 그래서 첫사랑을 선하고 경이롭게 생각한다.

첫사랑을 이상화한 사람은 결혼하게 되면 자연스럽게 배우자에게 첫사랑이 내게 해준 것처럼 사랑하고 보살펴주기를 원한다. 그런데 문제는 배우자가 아무리 잘해주어도 첫사랑이 너무 강력하고 완벽하다고 생각하기 때문에 배우자에게 고마운 마음이 생기지 않고 더 잘해주지 못하는 배우자에 대한 불만만 가득해진다는 것이다.

:: 남편에게 아빠를 기대하는 여인

40대 여성이 상담실을 방문하였다.
남편에 대한 분노 때문에 우울증에 걸려서 상담실을 찾아왔다. 남편의 직업도 괜찮고, 성품도 괜찮은 사람으로 생각했는데 이분의 마음속에 분노가 가득해 많이 놀랐다. 무엇이 그렇게 못마땅해서 화가 났느냐고 물어보았다.

아내 (몸이 아파서 남편에게 전화하며) 여보, 지금 몸이 조금 아파요.

남편 그럼 병원에 빨리 가 봐요. 내가 병원에 예약해 놓을게요.

아내는 남편의 이 말에 화가 나서 참을 수가 없었다고 했다.

상담자 병원에 가보라고 하는 것이 정상인데 왜 화가 나죠? 지금 직장에서 일을 해야 하잖아요?

아내 내가 아프다고 말을 하면 직장에서 하던 일을 잠시 중단하고 외출을 허락받아서 나를 병원에 데려다주어야 하는 거잖아요! 이런 일이 한두 번이 아니에요. 화가 나서 참을 수가 없어요.

이 문제로 부부싸움을 했다고 한다. 한편 남편은 아내가 화를 내는 이유를 이해할 수 없었다고 한다.

난 이 아내에게 아버지가 어떤 분이신지 물어보았다. 이 분의 아버지는 아내와 딸을 위해서는 모든 일을 하나부터 열 가지 다 알아서 해주고 아프다고 하면 만사를 제쳐놓고 병원에 데려다 주었다. 이 아내에게는 아버지의 첫사랑이라는 그림자가 주인 노릇을 하고 있었다. 아버지에 대한 이상화의 그림자가 부부관계에 문제를 일으키고 있었던 것이었다. 첫사랑인 아버지의 방식대로 남편도 당연히 내게 그렇게 해야 한다고 생각하고 있었던 것이었다.

필자는 이렇게 권면해주었다.
"남편은 아버지가 아니지 않습니까? 아버지라는 첫사랑의 그림자를 지우고 이제는 남편을 남편으로 봐주셨으면 합니다."

요즘 딸 바보 아버지들이 많다.
딸에게 잘해주는 것은 좋지만, 세상은 '아빠'처럼 똑같은 방식으로 대해주지 않을 수 있다는 것을 반드시 말해주길 바란다.

:: (2) 평가 절하된 첫사랑의 그림자

정반대의 경우를 살펴보자.
평가절하는 부정적으로 평가하는 것이다. 있는 모습보다 더 좋지 않은 모습으로 상대를 낮게 평가하는 것을 말한다.
나의 첫사랑을 평가절하 한다는 것은 첫사랑에 대한 불만이 많다는 것을 의미한다. 나의 첫사랑은 '우리 가정의 불행의 원인이다.' '이 분만 없으면 우리 집안은 평안하다.' '전혀 도움이 되지 않는 분이다.' '첫사랑을 통해서 나는 너무나 많은 상처를 입었다.' '말하기도 싫고 목소리만 들어도 짜증이 난다.'
첫사랑을 평가절하한 사람이 결혼을 하면 배우자가 아무리 잘해도 불만스러운 면이 많이 보인다. 즉 첫사랑에 받은 상처를 배우자에게 투사하게 된다. 그래서 분노가 생기고 부부싸움으로 이어지는 등 갈등의 원인이 된다.

:: 남편에게 화가 나서 미치겠어요

이 말은 한 여성이 상담실을 찾아와 조심스럽게 이렇게 말한다.

"남편에게 화가 나서 정말 미치겠어요. 남편은 정말 착한 사람이에요, 집에 일찍 들어오고, 집안일도 잘 도와주고, 아이들과도 잘 놀아줍니다. 정말 좋은 사람입니다. 그런데 저는 남편에게 화가 나요."

나는 이렇게 물어보았다.

"왜 남편에게 화가 납니까? 아이들하고 잘 놀아준다는 것은 대단한 것인데요."

여인은 이렇게 대답을 했다.

"저도 왜 그런지 모르겠어요. 그냥 남편이 조금이라도 자신의 생각을 주장하면 화가 나요. 화가 왜 나는지 모르겠어요. 화를 낼 상황이 아니고 남편에게 고마움을 표현해야 한다는 마음이 드는데도 막상 남편을 보면 또 화가 나요. 어떻게 하면 좋을까요?"

그래서 아내의 성장 배경을 알아보았다.

"저는 둘째로 태어났어요. 그런데 아버지와 갈등이 심했어요. 아버지는 폭군에 가까웠지요. 아버지는 자신밖에 몰랐고 엄마를 힘들게 했어요. 저는 아버지에 대한 분노는 많았지만 표현하지 못했고, 결국 아버지로부터 떠나기 위해 결혼이라는 것을 선택하게 되었어요. 그리고 오빠가 있었는데 오빠도 화를 잘 내고 폭력을 쓰기도 했어요. 막내 남동생을 제가 돌봐야 했어요. 저는 남동생을 돌보는 것이 싫었어요."

아내가 남편에게 화가 나는 것은 첫사랑인 아버지를

평가절하를 했기 때문이었다. 첫사랑에 대한 그림자가 결혼 후에는 남편에게 투사되고 주인 노릇 하고 있기 때문이다.

"지금 당신이 남편을 남편으로 보지 않고 아버지에 대한 시선으로 바라보면 남편을 아버지와 똑같은 사람으로 만들게 되고 당신도 어머니처럼 살게 될 수도 있어요."라고 말해주며 이렇게 권면했다.

"이제 남편을 남편으로 보세요. 평가절하한 첫사랑을 벗어버리고 남편을 진심으로 사랑해주세요."

당신의 첫 사랑을 이상화를 하고 있는가요? 아니면 평가절하를 하고 있는가요? 오늘부터 신화적인 사랑을 버리고 돕는 배필이 되어 창조적 사랑을 꽃피우길 원합니다.

7 가정, 자기중심적으로 사고하는 곳

사람들은 대부분 이기적이며 자기중심적이다. 하지만 대인관계를 맺을 때나 사회생활에서는 자기중심적인 사고와 행동을 자제하고 관리하며 통제를 잘한다 하지만 가정에 들어오게 되면 정도의 차이는 있지만 좀 더 자기중심적인 사고와 행동을 하게 된다.
자기중심적인 사고와 행동을 지나치게 강하게 하는 사람들에게는 다양한 이유가 있다.

첫 번째, 거절을 많이 당한 사람일 수 있다. 이들은 거절당하는 것이 너무 힘들어서 자신이 거절을 당하기 전에 먼저 거절을 하기도 하고, 거절당하기 전에 자신의 주장을 더 강하게 표현하기도 한다. 때로는 아주 성취 지향적인 사람이 되거나 완벽적인 삶을 통하여 자신을 방어한다.

두 번째, 과보호를 받았을 때도 자기중심적인 사고를 많이 한다.

세 번째, 유약한 부모 아래에서 성장한 사람이 자기중심적인 사고와 행동을 많이 한다.
위에 언급한 경우처럼 거절과 과보호를 통하여 형성된 사람은 어느 정도 자기중심적 사고를 통제하고 다스린다. 하지만 유약형 부모 아래에서 성장한 자기중심적인 사람은 자신의 감정을 잘 다스리지를 못하고 자기중심으로 행동한다.

:: (1) 유약한 부모의 특성

첫 번째, 유약형 부모는 자녀에게 싫은 소리를 못해 '오냐, 오냐.' 하며 받아준다.
유약형의 부모는 대체로 우유부단한 성격이다. 자기주장이 약하고 지나친 모성애로 보살핌이나 배려가 너무 강하여 자녀들이 무엇을 요구해 올 때 행동의 제약이나 한계를 설정하지 못하여 '안 된다.'라고 거절을 못 하고 그냥 '오냐, 오냐' 하며 다 들어주는 부모다. 성격적인 측면도 있겠지만, 환경적 요인도 있다. 사회생활에서는 판단력과 단호함을 지닌 사람도 가정에서는 특정한 아이에게 유약해지는 예도 있다.

두 번째, 오래 참다가 한 번씩 강하게 폭력을 포함한

징벌을 가하는 특성이 있다.

자주 징벌을 가하지는 않는다. 참고 인내하다가 징벌을 가한다. 아이에게 넘치는 사랑을 듬뿍 주면서 가끔 심하게 징벌을 가하는 특성이 있다. 그 징벌은 어머니가 줄 수도 있고 아버지가 줄 수도 있다. 자주 징벌을 받으며 성장한 사람은 분노가 일어날 때 두 손에 주먹을 쥐면서 부들부들 떨면서 분노를 참는다. 분노 때문에 억울함 등의 감정 표현을 하면 더 큰 징벌이 온다는 것을 경험을 통해 알고 있기 때문이다. 그런데 유약한 부모가 자녀에게 가끔 내리는 징벌은 앞서 든 경우보다 자녀에게 더 심각한 문제를 일으킨다.

세 번째, 유약한 부모는 죄책감을 느낀다.
무조건적인 사랑을 주면서 간혹 징벌을 심하게 가한다. 횟수는 적지만, 강도는 아주 세다. 그리고 부모는 징벌을 가한 후 죄책감이 생겨 아이들이 원하는 것을 스스로 다 해주는 경향이 있다.

:: (2) 부모는 왜 자녀에게 약해질까?

부모들은 왜 자녀의 변덕을 그대로 받아들여 주면서 안 된다는 말을 잘하지 못하는가?
부모들은 왜 철부지 자녀가 부모의 상전 노릇을 하도록 내버려두는가? 좀 이상하지 않은가? 어떤 경우에 이런 현상이 벌어지는지 살펴보자.

첫 번째, 특별한 의미가 있는 자녀에게 유약해진다. 자녀가 부모에게 있어서 특별한 의미를 가질 때는 그럴 가능성이 아주 크다. 예를 들어 결혼한 지 10년 만에 낳은 아이라든지, 첫째 아이를 낳고 그렇게 기다렸는데 임신이 되지 않다가 몇 년 후에 낳은 아이라든지, 때로는 40일 특별 새벽기도나 금식기도를 해서 낳은 아이, 위에 아이가 죽은 다음에 태어난 아이, 또는 늦둥이나 독자, 막내, 장남 등 다양하게 나타날 수 있다.

두 번째, 특별한 의미는 없더라도 지나친 모성애를 가진 부모에게 많이 볼 수 있다.
지나친 모성애의 무의식에는 불안감이 깔려 있다.

세 번째, 부모가 자녀로부터 사랑을 잃을까 봐 걱정하는 부모, 마음에 불안이 깔려 있는 부모에게서 나타난다. 이런 부모는 자녀들의 얼굴이 차갑거나 화가 난 표정을 차마 볼 수 없어서 아이에게 거절을 못한다.

네 번째, 성장할 때 부모로부터 사랑을 너무 받지 못하여 내 아이만큼은 기죽이지 않고 키우겠다는 생각을 하는 부모가 아이에게 적절한 행동의 한계를 설정하지 못하는 경우다.

다섯 번째, 부모가 직장에 다니고 할머니, 할아버지가 애지중지하며 키우는 경우다. 엄마는 아이에게 존업주부처럼 늘 아이 곁에서 원하는 것을 해주지 못한다는 생각 때문에 죄책감을 느끼게 된다. 그래서 아이가 물질적인 것을 원할 때 다 들어주거나 아이에게 미안해서 '오냐 오냐' 하는 경우가 많다.

:: (3) 유약형 부모와 자녀의 상관관계

유약한 부모와 자녀 사이에는 유약과 충동 그리고 징벌과 죄책감이라는 사이클이 형성된다. 이 관계에서 나타나게 되는 현상을 살펴보자.

첫 번째 단계 : 부모는 자녀에게 약해져서 올바른 훈계를 하지 못한다.
부모의 성격이 유약해서 약한 모습을 보일 수도 있지만, 일상생활이나 사회생활의 업무 부분에서는 아주 단호하고 판단력을 보이는 사람 중에도 유독 특정한 아이에게 약해지는 부모가 있다. 아이가 원하는 것을 다 해준다.
유약형의 부모 양육 태도는 과잉보호와는 다른 점이 있다. 과잉보호는 부모가 주도적으로 양육하기 때문에 아이들은 의존성이 강한 아이로 성장하게 된다. 하지만 유약형의 부모는 아이가 부모를 적극적으로 조종하며 이끌기 때문에 공격적이고 충동적으로 성장하게 될 가능성이 크다. 그리고 쉽게 만족함을 누리지 못하고 늘 불만이 가득한 사람으로 성장할 가능성이 크다.

두 번째 단계 : 아이는 충동적이 된다.

유약한 부모에게 성장하는 자녀는 대부분 충동적이고 즉흥적이며 발끈하는 성격이 형성된다. 아이는 자신이 원하는 것을 얻기 시작하면서 버릇이 없어진다. 부모는 아이에게 끌려다니기 십상이고 아이는 부모를 자기 마음대로 조종한다. 아이가 화를 내는 것을 부모는 견디지 못해서 아이들이 화를 내기 전에 미리 다 해주는 경향이 있다. 아이는 자신이 부모에게 화를 한번 내면 원하는 것을 얻을 수 있다는 진리를 터득하게 된다. 그래서 이들은 아주 충동적이고 버릇이 없어지며 즉흥적이고 발끈하는 성격을 사용하여 원하는 것을 얻어간다.

세 번째 단계 : 부모는 강하게 징벌을 가한다.

평소에는 아이가 원하는 것을 '오냐 오냐' 하면서 다 들어주다가 어느 시점에서 아이가 너무 버릇없고 충동적이고 즉흥적인 모습을 보일 때 부모는 참다가 한번 혼을 낸다. 그런데 혼을 낼 때 살짝 혼내는 것이 아니라 아주 강하게 혼을 낸다. 이런 일은 자주 일어나지는 않고 몇 달에 한 번 정도 일어나고 그 외에는 대부분 아이가 원하는 대로 다 들어준다.

부모가 징벌을 가하게 되면 아이는 눈물을 뚝뚝 흘리면서 용서를 구한다. 아파하고 아주 약한 모습을 보이며 측은한 모습을 보인다. 아이는 자기 방에 가서 울기도 하고, 공부도 열심히 하며 부모의 말에 순종도 잘하고 마치 순한 양처럼 변한다. 또 부모가 기뻐하고 좋아하는 행동을 알아서 하기도 한다. 한편 이러한 아이 모습을 보는 부모는 마음이 아파진다.

네 번째 단계 : 부모는 징벌을 가한 후에 죄책감의 지배를 받는다.

징벌을 받은 아이는 일시적이지만 정말 착한 아이가 된다. 알아서 공부하는 모습을 보면 부모의 마음이 아프다.

'내가 잘해주지도 못했는데 너무 심했구나. 부모가 일을 나가면 혼자 얼마나 외로웠을까. 이렇게 심하게 화를 내지 않아도 되었는데, 저 어린 것이 매를 맞으면서 얼마나 마음이 아팠을까?'라고 생각하며 미안함과 죄책감이 생겨 마음이 무겁다. 그리고 다시 부모는 미안함 때문에 아이가 원하는 것을 알아서 다 해준다.

이러한 네 가지 양육 패턴이 다람쥐 쳇바퀴 돌아가듯이 반복된다.

어머니는 아이에게 유약해져서 아이가 원하는 것을 다해 주고 아이는 늘 부모를 조종하면서 자신이 원하는 것을 하나하나 취하게 된다. 어느 순간 부모는 아이가 너무 버릇이 없는 것 같아서 한 번쯤 강하게 혼을 낸다. 혼을 낸 후에 약해진 아이의 모습을 보면서 안쓰러운 마음이 들어 부모는 아이가 원하는 것을 다 해준다. 이러한 사이클이 지속적이며 자동으로 돌아간다.

아이의 전략은 한 가지다.

부모를 화나게 하는 것이다. 충동적인 행동으로 부모를 화나게 하면 된다. 한번 화를 내거나 나에게 징벌을 가하게 되면 부모가 미안해서 많은 것을 해주기 때문이다. 아이들은 이 좋은 전략을 절대 포기하지 않을 것이다. 이렇게 성장한 아이들은 성장하면서 학교에서나 사회생활 그리고 결혼해서까지 많은 문제를 일으키게 된다.

예를 들어보자. 이렇게 성장한 아이는 학교에서 담임선생님과 친구들에게 신호를 보낸다. 신호 보내는 방법은 다양하다. 발끈하게 성질을 부리는 방법, 시무룩하게 있는 방법, 갑자기 이상한 행동을 하는 것, 분위기를 싸늘하게 만드는 방법 등이 있다. 그렇게 신호를 보내면 가정에서는 누군가가 자신의 마음을 읽고 원하는 것을 해주었지만, 학교 친구나 선생님은 부도가 아니므로 아이의 신호를 읽어주거나 부모처럼 반응하지 않는다. 아이가 신호를 보내는 대로 행동하기보다는 아이에게 훈계를 하거나 부정적인 반응을 보일 수 있다.

아이는 자신에게 부정적인 반응이 올 때까지 충동적으로 선생님이나 친구를 화나게 한다. 드디어 선생님이 화를 내고 징벌을 가했다. 가정에서는 부모가 징벌을 가한 다음에는 분명히 내가 원하는 것으로 되돌아 왔는데 이상하게도 선생님으로부터는 원하는 것이 오지 않는다. 화가 난다. 그래서 선생님께 대들기도 하고 친구들에게 폭력을 쓰기도 한다. 아이는 이런 상황을 견디지 못한다. 그래서 점점 더 반항하거나 무기력하거나 폭력이나 분노로 자신의 감정을 표출할 수 있다.

그나마 저학년일 때는 그냥 참고 지낼 수 있지만, 초등학교 고학년이 되면 심각해진다. 그리고 중학교에 들어가면 문제는 더 심각해질 수 있다. 중학교는 과목마다 선생님이 다르고 자신의 자율성도 더 강하고, 친구들은 자기 뜻을 따라주지 않는다. 이렇게 되었을 때 아이는 은근히 배신감을 느끼고 복수심을 갖기 시작하기도 하고 속으로 왕따를 당했다고 생각하며 자신을 왕따 시킨 주범에게 폭력을 행하기도 한다. 심지어 자신에게 부모는 '하인'이고 자신은 '상전'이기 때문에 부모가 자신의 마음을 몰라주면 부모에게도 화를 내고 심지어 폭력을 행하기도 한다.

요즘 우리 사회에서 자녀가 부모에게 폭력을 행한 사건들이 심심찮게 언론을 통해서 접하게 된다. 부모에게 욕을 하거나 폭력을 쓰는 아이들은 대부분 유약형 부모 아래에 성장했을 가능성이 크다.

:: (4) 결혼 생활에 미치는 영향력

유약형 부모 밑에서 자란 자녀가 결혼하게 되면 어떤 일이 벌어지는지 살펴보자.

첫 번째, 자기중심적이다.

모든 사람과 일은 자기중심적으로 움직여야 한다고 생각한다.

어릴 때 모든 가족은 나를 중심으로 행동해 주었다. 자신이 생각하는 대로, 요구하는 대로, 신호를 보내는 대로 주위에 있는 가족 중 누군가가 원하는 것을 만족하게 해주었다. 너무나 좋은 세월을 보냈다. 그래서 이 사람에게는 '모든 세계가 내 중심으로 움직여 주어야 한다.'라는 마술적 사고가 형성되었다.

이들에게 있어 배우자는 이렇게 인식되어 있다.
- '나를 위해서 존재해야 해.'
- '내 요구를 즉시 채워 주는 사람'

만약에 이것이 채워지지 않으면 배우자가 나를 사랑하지 않는다거나 나를 배신했다고 생각하고 순간적으로 분노를 표출하거나 발끈하기도 하고, 충동적인 행동 등을 하여 분위기를 싸늘하게 만드는 등 다양한 방법으로 사람을 조종하려 한다.

두 번째, 내가 원하는 것은 '즉시' 얻어야 한다.

내가 원하는 것은 무엇이든지 즉시 성취해야 한다. 원할 때 바로 이루어지지 않으면 순간적으로 발끈하는 성질을 가지고 있다. 특히 자신이 원하는 것을 충족시키는 방법은 순간적으로 발끈하며 화를 내는 것이다. 순간으로 발끈하면서 화를 내는 것은 이들이 자주 사용하는 상투적인 무기이다.

세 번째, 지속성이 약하다.

지속적인 것이 요구되는 상황이 되면 지겨워하며 주위 사람들을 힘들게 한다. 화를 내거나 일관성이 없고 변덕이 심하고 예측할 수 없는 사람이 된다. 쉽게 산만해지고, 충동적이며 낭비가 심하며 책임감이 약한 경우가 많다.

네 번째, 매력적이지만 예의범절이 없다.

신체적으로 매력적이고 명랑하고 친절하며 따뜻한 면이 많다. 사람들은 그에게 쉽게 매료된다. 모임이나 파티에서 즉흥적으로 행동하는 사람은 비록 그의 말과 행동이 어리석어 보일지라도 관심을 끌게 되고 그의 주변에는 친구들이 모여든다. 금기시된 말을 하고 우리가 해 보았으면 하고 바라는 행동을 한다. 사람들을 쉽게 사귀고 친근한 관계를 맺는 능력을 갖추고 있다.

다섯 번째, 매우 창의적이며 자신감에 넘치지만, 변덕이 심하다.

그들은 자기들의 감정에 의혹을 품지 않는다. 그러므로 그들은 자신감이 넘치고 어떤 분야에 성공을 거둘 수 있게 되는 것이다. 그리고 자신이 가진 것을 쉽게 친구들에게 나누어 줄 수도 있다. 자신은 또 구하면 되기 때문이다.

여섯 번째, 애정편력이 심하고 변덕이 죽 끓듯이 한다.

배우자가 자기중심적으로 움직이지 않으면 충동적으로 분노를 터뜨리거나 자기에게 고분고분하지 않은 배우자를 버리고 다른 사람을 찾아서 돌아설 가능성도 크다. 배우자보다는 자기만족을 최우선으로 생각한다.

8 치유 받지 못한 성적인 상처

:: 치유 받지 못한 성적인 상처는 분노의 원인이 된다

어릴 때 받은 성적인 상처는 분노를 만들어내는 공장이다. 다른 분노는 조절이 되는데 성적인 상처에서 오는 분노는 조절이 안 될 정도로 심각할 수가 있다. 왜냐하면, 성적 피해자들의 무의식에는 대부분 엄청난 분노와 적개심이 내재하여 있기 때문이다. 하지만 그들은 이것이 폭발하면 매우 파괴적일 수 있다는 것을 알기 때문에 이를 억압하고 통제하며 행동한다.

억압되어 있던 성적 상처의 분노는 가정을 이루었을 때 표출될 가능성이 커진다.

:: 아들과 남편에게 화가 나요!

"저는 아들과 남편에게 화가 나서 참을 수가 없어요. 아이의 어떤 행동에 화가 난다기보다는 그냥 화가 나요. 특히 아들이 여동생과 놀다가 싸우게 되면 더 화가 나요. 내 속에 괴물이 사는 것 같아요. 화가 나는데 주체할 수 없어요. 정말 죽이고 싶을 때가 있어요."

이분은 평소에는 누구에게도 별로 화를 못 내고 말도 크게 하지 못하는 성격이며 교회에서는 모든 사람에게 좋은 사람이라는 말을 듣고 지내고 있었다. 사람들에게 헌신적이며 모든 사람에게 친절한데 유독 아들과 남편에게는 폭군으로 변하는 이 사람에게는 무슨 일이 생긴 걸까?

"남편에게 언제 화가 나는지 물으셨죠? 남편 목소리만 들어도 화가 나요. 손길만 스쳐도 화가 나지요. 남편이 사용하는 향수 냄새만 맡아도 화가 납니다. 정말 남편은 아이들에게 잘하고 가정에 충실하고 저에게도 잘합니다. 그런데 저는 남편에게 자꾸만 화가 나서 견딜 수가 없어요."

필자는 조심스럽게 이야기를 꺼냈다.
"배우자나 자녀에게 분노가 많이 나는 것은 여러 가지 원인이 있습니다. 그런데 자제가 안 될 정도로, 심지어 죽이고 싶을 정도로 화가 나는 데는 두세 가지 정도 원인이 있습니다. 첫 번째가 원치 않는 임신일 때이며 두 번째는 어떤 충격적인 사건을 경험했을 때입니다."

그 어머니는 이렇게 말했다.

"원치 않는 임신을 한 것도 맞습니다. 이 아이만 임신하지 않았다면 제가 남편하고 결혼하지 않았을 것입니다."

나는 "충격적인 사건은 어릴 때 기억 가운데 지워지지 않고 기억 속에 각인 되어있는 것으로 흔히 '트라우마'라고 부릅니다. 혹시 성장할 때 심각한 상처를 입은 것이 있습니까? 아직 해결되지 않는 상처가 있나요?" 라고 질문을 하였다.

이 어머니는 갑자기 눈물을 흘리면서 이렇게 말했습니다.
"어릴 때 동네 할아버지에게 성추행을 당했어요. 세월이 많이 흘렀는데도 그 사건이 내 머리에서 떠나질 않네요."
난 내담자에게 그 분노가 성적인 상처에서 올 가능성이 있다고 설명하고 상처 입은 내면아이를 만나 치유 작업을 하기를 권했다. 어릴 때 두려움과 수치심에 가득 찬 그녀의 내면아이를 만나서 '그건 네 잘못이 아니란다.' 하면서 품어주기 시작했다. 치유 작업이 끝나고 1년이라는 세월이 흐른 후에 그분이 상담실을 다시 찾았다.
그 어머니는 신기하게도 치료 받은 이후에는 아들과 남편에게 생기던 분노가 잘 조절되고 있다고 했다.

:: 우리 아이가 성추행을 당했어요! 어떻게 하죠?

어릴 때 사촌 오빠에게 성추행을 당해 평생 자신을

싫어하며 살아온 여인이 있었다. 이 여인의 가슴 깊은 곳에는 늘 불안함이 존재하고 있었다. 그 때문에 남자를 못 믿고 남편에게 자꾸만 화가 났다.
치유 공부를 하는 중에 자신이 가지고 있는 내면의 생각을 노출하게 되었다.
내면의 생각을 노출했기에 치유 작업을 할 수 있었고 그 과정을 통하여 자신의 잘못이 아니라는 사실을 알게 되었다. 또한, 자신이 얼마나 소중하고 존귀한 존재인가를 알게 되었다.

    치유 작업을 하는 과정에 또 하나의 불안을 털어놓았다. 자신의 딸이 똑같은 일을 당할까 봐 두렵다는 것이었다. 그리고 한 달 정도 후, 갑자기 내담자로부터 전화가 왔다.
"목사님, 지금 제 딸이 낯선 사람에게 성추행을 당한 것 같아요. 어떻게 하면 좋아요?"

    그때 나는 김정구 교수가 성폭력 피해 아동들을 대하는 부모나 교사에게 당부한 말을 그 어머니에게 일러주었다. 어머니는 아주 지혜롭게 잘 처리하였다. 그리고 나중에 이런 말을 내게 전해주었다.
"제가 만약에 어린 시절의 성적인 상처를 치유 받지를 않았다면 아마도 이번 일을 지혜롭게 대처를 못 했을 것 같습니다. 그런데 치유 상담을 하고 나니 제 마음에 여유가 생겨서 분노 조절이 가능해졌고 목사님께 전화를 하게 되었습니다."

그렇다면 성폭력에 노출된 자녀들을 가정에서 어떻게 대처해야 할지에 대해 알아보자.

성신여대 심리학과 김정규 교수는 성폭력을 당한 아동들을 대하는 부모나 교사에게 이렇게 조언했다.

① **너무 놀라거나 과잉반응하지 말 것**

이야기를 듣고 놀라는 것은 당연하다. 그러나 '큰일 났다'라는 반응을 보이는 것은 좋지 않다. 아이는 대개 사건의 의미에 대해 막연히 좋지 않게는 생각하고 있지만, 그 정도로 큰일이라고는 생각지 못하는데, 오히려 부모의 과민반응을 통하여 문제를 더 심각하게 생각하게 된다. 놀라서 큰소리를 지르거나 안절부절못하거나 한숨을 푹푹 쉬지 말아야 한다.

② **아이를 야단치거나 비난하지 말 것**

부모들은 흔히 "엄마가 그런 사람을 조심하라고 그랬잖아!", "아무나 따라가지 말라고 했잖아!" 등의 말을 하면서 아이를 비난하는데 이것은 매우 좋지 않다.

③ **아이의 프라이버시를 존중해줄 것**

외부 사람에게는 물론이고 가족끼리라도 아이가 수치심을 느낄 수 있으므로 반드시 알 필요가 있는 경우 이외에는 비밀을 지켜주어야 한다.

④ 아이가 사건에 대해 말할 수 있도록 도와줄 것

아이는 무언가 자기가 큰 잘못을 저지른 것 같은 느낌이 들기 때문에 사건에 대해 말하는 것을 매우 두려워한다. 또한, 가해자가 아이에게 다른 사람에게 말하면 큰일 난다고 말하거나 혹은 만일 말하면 가만두지 않겠다고 위협하는 예도 있어서 침묵을 지킨다. 그래서 아이에게 말해도 괜찮다, 말해도 아무 일이 없을 것이라고 안심시켜 주어야 한다.

⑤ 말을 했을 때는 왜 이제껏 말하지 않았느냐고 추궁하지 말 것

"이야기해 주어서 고맙다."라고 말하라. 그리고 "그만하니 참으로 다행이다. 하마터면 큰일 날 뻔했구나."라고 말하라.

⑥ 아이에게 말로써 혹은 머리를 쓰다듬으면서 애정을 표현해줄 것

이런 사건에도 불구하고 여전히 아이를 사랑한다는 마음을 전달해주라.

⑦ 아이에게 아무 잘못도 없다는 것을 명확히 해줄 것

잘못은 분명히 가해자에게 있다는 것을 확실히 말해주어라. 그리고 "다른 아이였더라도 마찬가지로 당했을 것이다. 그 상황에서 어떻게 할 수 없었겠구나."라고 이해해 주어라.

⑧ 아이가 하는 말을 믿어줄 것

아이들이 성폭력 피해를 당한 것에 대해 거짓말하는 경우는 거의 없다. 어른들은 하도 엄청난 일로 여겨진 나머지 아이가 혹시 거짓말하는 것이 아닐까 하고 의심할 수가 있는데, 그렇게 되면 아이는 자신의 심정을 이해받지 못함으로 인하여 상처를 받는다.

⑨ 아이와 계속 대화할 것

계속된 대화를 통하여 아이가 부모가 이해심이 많고 자신을 지지해준다고 느낄 수 있어야 한다. 이때 일관성 있는 태도가 중요하다.

⑩ 아이가 계속 안심하고 말할 수 있도록 도와줄 것

부모가 잘 이해해주고 또한 이 문제에 대해 진지하게 듣지만, 결코 크게 걱정하지는 않는다는 사실을 아이가 느낄 수 있으면 계속 사건에 대해 더 자세히 말하게 되고, 그 과정을 통해 문제를 해결할 수 있게 된다.

⑪ 신체적으로 상처를 입었는지 외과의에게 진찰을 받을 것

그냥 임의로 판단하지 말고 전문가에게 의뢰해야 한다.

⑫ 전문가를 찾아 도움을 요청해야 한다.

증상이 심할 때는 심리치료 전문가에게 의뢰해야 한다. 부모나 교사가 할 수 있는 한계를 인정하고 전문가의 도움을 받을 것이다.

2장

왜 자녀에게
화가
많이 날까?

이 세상에서 존재하는 부모는
누구나 자녀를 사랑한다.
목숨을 바쳐서라도
자녀의 행복을 지켜주고 싶은 것이
부모의 마음이고, 사랑이다.
그렇게 사랑하면서
왜 자녀에게 화를 많이 낼까?
이것이 진정 자녀의 행동 때문일까?
아니면 부모의 내면에 숨어있는 검은 그림자 때문일까?

∷ 부모들은 자녀를 양육할 때 왜 힘들어할까?

극동 방송에서 진행하는 '힘내세요. 엄마!'라는 코너가 있다. 이 코너에 출연 중인데 한번은 담당 PD가 이렇게 물었다.

"우리 부모들은 자녀를 양육하는데 왜 그렇게 힘들어하지요? 그 원인이 무엇일까요?"

필자는 이렇게 대답을 했다.

"지나친 모성애 때문이겠지요. 어머니는 태초부터 지금까지 모성애로 살아왔습니다. 어머니만큼 자녀를 사랑하는 사람이 또 어디 있겠습니까? 어머니는 자녀를 위해서라면 목숨까지 버릴 수 있는 사람들입니다. 그런데 이 모성애가 지나치게 되면 아이도 힘들고 어머니도 힘들어하게 됩니다. 원래 모성애는 참으로 좋은 것인데 지나치게 되면 문제가 되지요. 적절한 모성애를 갖고 아이의 성장에 따라 분화를 시켜주며 양육할 수 있다면 서로 인격적으로 존중해 줄 수 있고 아이들과 부모의 얼굴에도 행복한 미소가 활짝 피게 될 것입니다."

PD는 "지나친 모성애가 왜 문제가 되나요?"라고 다시 질문을 하였다.

지나친 모성애가 문제가 되는 이유는 지나친 모성애의 출발점이 불안감에서 출발하기 때문입니다. 어머니는 아이들이 학교나 학원을 마치고 집에 와야 할 시간에 오지 않으면 불안해진다. 또 아이가 내 눈에 보이지 않으면 불안해진다. '혹시 아이가 잘못되지는 않을까? 자녀를 잘못 키웠다는 소리를 들으면 어떻게 하지?, 내 아이가 공부를 못하면 앞으로 어떻게 될까? 사회성이 떨어지면 어떻게 하지?' 등과 같이 불안이 자리 잡게 되면 부모와 아이 모두에게 부정적인 영향을 미치게 된다. 이러한 불안 심리가 아이들에게 사랑이란 옷, 교육적인 옷, '다 너 잘돼라'고 하는 옷을 입고 자녀에게 나타난다. 아이들이 부모의 뜻대로 움직이지 않을 때는 강압적인 부모가 되고 화를 많이 내는 원인이 되기도 한다.

부모 교육을 진행하다가 한번은 부모님들께 이렇게 질문을 해보았다.
"부모님들, 자녀에게 언제 화가 많이 납니까?"
부모 대부분은 이렇게 대답을 했다.

- 자녀들이 내 말을 잘 안 들으니 화가 난다.
- 내가 생각하는 대로, 내가 말하는 대로 움직이지 않으니 화가 난다.
- 몇 번 말을 해야 들으니 화가 난다.
- 나쁜 습관이 지속적이고 반복이 될 때 화가 난다.
- 대답을 한 후에(공부나 숙제) 계속 안 할 때 화가 난다.
- 수차례 혼을 내며 훈계를 했는데 금방 훈계한 내용을 잊어버리고 언행을 할 때 화가 난다.

- 자녀가 솔직하지 않고 반복되는 거짓말을 하니까 화가 난다.
- 약속을 안 지키니까 화가 난다.
- 내 마음을 몰라줘서 화가 난다.
- 자기 일을 알아서 안 하고 다른 것을 하니까 화가 난다. 특히 컴퓨터나 TV를 볼 때
- 형제끼리 자주 싸우니까 화가 난다.
- 말귀를 못 알아들으니 화가 난다.
- 내 말에 순종하지 않고 반항을 하거나 대꾸를 하니까 화가 난다.
- 신경질을 내고 징징 짜는 모습을 보면 화가 치밀어 오른다.
- 느리고 게으름 피울 때 화가 난다.
- 나의 바람이나 기대치를 따라오지 못할 때 화가 난다.
- 해 줄 수 있는 상황이 아닌데 고집을 피우거나, 손님이 와 있을 때, 쇼핑 중에 과도한 것을 요구할 때 화가 난다.
- 위험스럽게 주차장에서 뛰어다닐 때나 사람 많은 곳에서 고래고래 소리 지를 때 화가 난다.
- 아이들이 자신의 물건을 정리 정돈을 하지 않을 때 화가 난다.
- 아이가 자신을 필요 이상으로 비하할 때 화가 난다.
- 부모의 권위에 도전했을 때 화가 난다.
- 아이가 나의 약한 부분을 닮아 갈 때 화가 난다.
- 한 자리에서 먹지 않고 자주 옮겨 다니고 흘리면서 먹을 때 화가 난다.
- 아이들에게 내가 무시당한다는 생각이 들 때 화가 난다.
- 아이에게 폰 연락을 했는데 즉시 안 받으면 화가 난다.

- 수업을 마치는 시간이 되었는데 그 시간에 오지 않으면 불안하고 화가 난다.
- 자녀들이 고의로 내 말을 안 듣고 나를 힘들게 한다고 화를 낸다.

위에 있는 내용 가운데 당신에게 해당하는 것이 있다면 어떤 것이 있나요?
선택한 항목을 살펴보면서 아이의 행동에 화가 나는 이유는 무엇인지 찾아보세요.
이렇게 부모를 화나게 하는 상황은 아주 다양하다. 이 중에서 가장 빈번하게 언급되었던 몇 가지를 선택하여 함께 이야기를 나누고자 한다.

1. 내 생각대로 움직이지 않을 때 화가 난다

대부분의 부모는 자녀를 인격적으로 대하는 것이 아니라 또 '다른 나'라고 생각한다. 자신을 자녀와 동일시하는 경향이 있어서 자녀들에게 화를 많이 낸다.

"왜 화가 많이 납니까?"라는 질문에 다음과 같이 대답을 했다면 당신은 자녀를 '또 다른 나'라고 생각하고 있는 부모다.

- 내가 생각하는 대로, 내가 말하는 대로 움직이지 않으니 화가 난다.
- 자녀들이 내 말을 잘 안 들으니 화가 난다.
- 자녀가 내 마음을 몰라줘서 화가 난다.

많은 부모가 가지고 있는 잘못된 신념에는 다음과 같은 것들이 있다.

- 자녀는 내가 생각하는 대로, 내가 말하는 대로 움직여 주어야 한다.
- 내가 말을 하지 않아도 내가 생각하는 대로 움직여주어야 한다고 생각한다.

여기서 중요한 것은 자녀가 '내가 생각하는 대로' 움직여야 한다는 것이다.
이 신념은 자녀를 인격체로 인정하지 않고 나의 소유물로, 그리고 내 생각을 알아야 하는 또 다른 '나'라는 생각하기 때문이다.

부모 교육 강의를 하다가 부모님들께 이렇게 질문을 했다.
"자녀들이 내 생각대로 움직여주어야 하는데 그렇지 않을 때 화가 나지요?"
"아이가 학교 수업을 마치면 내가 생각하는 시간에 집에 도착해 있어야 하는데 오지 않을 때 화가 나지 않나요?"
"집에 잘 도착해 있다면 내가 없어도 손도 알아서 씻고, 미리 준비해둔 간식을 먹고 공부를 하고 있어야 하는데, 집에 와보면 간식은 챙겨 먹었는데 손도 안 씻고 먹고, 공부는 안 하고 게임을 하고 있으면 어때요? 화가 나지요?"
그러면 대부분의 부모는 고개를 끄덕이며 박장대소를 한다.

대부분의 부모는 자신의 자녀들이 '내가 굳이 말을

하지 않아도 내 생각대로 움직여 줄 것'이라고 생각한다. 그러나 현실은 그와 같지 않다. 아이들은 부모의 바람대로 움직여주지 않는다. 그뿐만 아니라 말을 해도 내 말에 즉시 응답하지 않는다. 이러한 일들은 시간이 흐를수록 더 빈번하게 일어나고 반복되어 갈수록 정도가 심해지므로 갈등의 골은 더 깊어지고 부모는 결국 아이에게 큰 소리로 화를 내고 만다.

한번 생각을 바꾸어보는 질문을 던져보겠다.
"당신은 어린 시절이 수업을 마치고 집에 왔을 때 부모님이 안 계시면 어떻게 했습니까?
알아서 숙제하고 청소하고 동생들을 돌보며 부모님을 기다렸습니까? 아니면 당신이 하고 싶은 대로 행동했습니까?"
대답 속의 어린 시절의 나와 현재 우리 아이들의 모습은 별반 다르지 않을 것이다. 그래서 부모님들께 이렇게 부탁하고 싶다.

자녀들은 부모인 내 생각을 알 수도 없고 만약 알고 있다고 해도 아직 어려서 내 생각대로 움직일 수 없다. 그래서 이제부터는 자녀와 함께 대화하고 마음을 공감하고 대화하며 신뢰를 쌓아가자.

만약에 자녀들이 내가 원하는 대로, 내 생각대로 움직인다면 아이는 자신의 감정을 묻어두고 오직 부모의 기쁨이 되려고 노력하는 아이다. 이 아이는 성인아동으로 '착한 아이'로 살아갈 가능성이 크다. 아이들의 호기심과 자율성, 용기, 주도성, 순수함, 열정과 도전의 정신을 격려하고 지지하면서 자녀를 다듬어서 유능한 존재로 양육하길 원한다.

지금까지 살펴본 것처럼 자녀는 '또 다른 나'가 아니다. 또한, 나의 소유물도, 나의 로봇도 아니다. 완전한 인격을 가진 존재라는 사실을 기억하고 자녀를 존중하고 배려하며 양육하라.

∷ 여보! 학교 수업을 마쳤는데 왜 애가 집에 오지 않을까요?

"여보! 아이가 학교를 마쳤는데 아직 집에 오지 않았어요!"
아내가 몹시 긴장된 목소리로 내게 말했다.
아들이 초등학교 1학년에 입학을 한 지 얼마 되지 않았을 때였다. 아이가 초등학교에 입학하니 아내는 서둘러 이사를 하자고 했다. 학교 주변으로 이사를 했기에 아이가 학교에서 마치고 집으로 오는 데 걸리는 시간은 고작 5분 정도였다. 아이가 수업을 마치는 시간은 12시 30분이었고 아내는 아이가 올 시간을 미리 계산해서 배고픈 아들을 생각해 우동을 삶아놓고 기다리고 있었다. 올 시간이 되었는데도 아이가 오지 않으니까 아내는 짜증을 내면서 "왜 빨리 오지 않지?"라고 말을 하면서 초조하게 아들을 기다리고 있었다.

그때 난 아내에게 이렇게 말했다.
"여보! 아이가 오면 우동을 끓이면 되잖아. 그러면 당신이 기다리지 않아도 되잖아!"라고 했다.
아내는 이전보다 약간 높은 목소리로 "아이가 학교에서 오면 배가 고프니 바로 먹여야지요! 어떻게 오고 나면 끓여요?"라고 했다.
아이를 기다리는 동안 정성스레 끓인 우동은 아내의 속도 모르고 점점 퍼져가기 시작했다.
아내는 점점 불안해하면서 창문으로 아이가 오는지 내려다보고 있었다.
나는 아내에게는 아무 말 없이 그 퍼져가는 우동을 먹어버렸다

내가 우동을 다 먹고 나니 아이가 집에 도착했다.
아내는 아이 얼굴을 보자마자 야단을 치기 시작했다.
"수업을 마치면 곧바로 와야지, 왜 이제 오는 거야?"
아이는 당황해하면서 이렇게 말했다.
"엄마, 내가 교실 문을 나서는데 선생님이 내 이름을 부르면서 아버님이 목사님이시니? 어느 교회 목사님이시니? 라고 물으시며 몇 가지 질문을 하셨어요. 선생님과 이야기하고 오느라고 늦었어요."

잠시 후에 난 아내에게 이렇게 말을 했다.
"여보! 아이가 어찌 당신 마음대로 움직일 수 있겠어요. 아이는 수업을 마치고 선생님의 심부름을 할 수도 있고, 친구하고 이야기할 수도 있고, 축구도 할 수 있고, 재미있는 것이 있으면 구경을

할 수도 있지 않겠어요? 그런데 당신이 화를 내게 되면 아이는 모든 것을 접어두고 당신의 기쁨이 되기 위해 집으로 곧바로 오려고 할 거예요. 조금 기다리며 아이 점심을 준비하면 어때요?"
아내는 그렇게 하겠다고 말을 했지만, 그 이후에도 잘 고쳐지지 않았다. 아내의 안테나는 오직 어린 아들에게 가 있었으며 아들이 필요한 것을 언제나 준비하고 있었다.

:: 아이를 인격적으로 대하며 잘 키우는 방법
첫 번째 노하우 : 옆집 아이 키우듯 하라

부모 강의를 하면서 "자녀들을 잘 키우길 원하십니까?" 하고 질문하면 거의 모든 부모가 "예!" 하고 대답한다.
그때 나는 이렇게 말한다.
"아이를 정말 잘 키우길 원하시는 분은 비법이 있습니다. 알려드릴까요? 그 비법은 바로 '우리 아이를 옆집 아이 키우듯 키우는 것'입니다."
그러면 부모들은 100% 웃으며 고개를 끄덕인다.

"한번 생각해봅시다. 여러분은 옆집 아이가 시험을 잘 못 쳤다면 어떻게 말해줍니까? '시험은 잘 볼 수도 있고 못 볼 수도 있어. 공부가 인생의 전부가 아니야.' 하고 위로하고 격려해주겠지요? 반면에 우리 집 아이가 시험을 못 쳤다면 어떻게 이야기하시나요?"

- '이것도 성적이라고 받아 왔어?'
- '누구를 닮아서 그 모양이니?'
- '네가 하는 것이 그렇지 뭐.'
- '너에게 기대했던 내가 잘못이지!'

　　　　　이와 같은 언어적 폭력을 아이에게 쓰지는 않았는지 자신을 돌아보자.

　　　　　만약에 옆집 아이가 오다가 저만치 멀리서 엄마를 발견하고 반가워서 "엄마~"하고 뛰어오다가 넘어졌다. 그러면 가까이에 있는 당신은 어떻게 반응하겠는가?
이번에는 우리 아이가 그처럼 나를 보면서 뛰어오다가 넘어졌다. 이처럼 똑같은 상황이 벌어진다면 당신은 어떻게 반응하겠는가? 만약에 옆집 아이라면 친절하게 다가가 아이를 일으켜주고 무릎과 손을 다치지 않았는지 살펴봐 주며 옷에 묻은 먼지까지 털어줄 것이다. 그렇다면 우리 아이에게는 어떻게 해줄까?
한번 눈을 감고 평소의 모습들을 떠올려보라.

　　　　　누가 더 소중한 존재인가?
늘 부모는 자녀들의 마음을 읽어주고 공감해주는 것이 중요하다. 자연스럽게 되지 않는다면 '나는 이 아이의 옆집 엄마다!'라고 생각하며 노력하자!

'옆집 아이를 키우듯이 하라'는 말의 의미는 자녀를 내 소유물로 생각하지 말고 인격적인 존재로 대하고 자녀의 감정을 공감하고 인격적인 대화를 하라는 뜻이다.

어머니는 자녀를 무척 사랑한다.
모성애는 자녀를 감동하게 하며 자녀의 장래를 밝게 해 준다. 자신감을 심어주고 소중함과 존귀함을 심어준다. 그러나 그 귀한 모성애도 지나치면 독이 된다. 지나친 모성애는 자녀의 자율성과 주도성 그리고 자신감에 상처를 주며 내 아이가 불행해지는 원인이 될 수 있다는 사실을 잊어서는 안 된다.
부모는 자녀들이 조금이라도 힘들어하는 모습을 지켜보기 힘들어 자녀 대신 모든 것을 해주려고 한다. 그 과정에서 부모 마음대로 아이가 움직여주지 않는다고, 내 마음을 몰라준다고 하면서 아이에게 화를 낸다.

부모들에게 이렇게 질문을 하고 싶다.
당신의 자녀는 누구입니까?
이 아이는 인간입니까, 아니면 전능자입니까?

당신은 아이에게 전능자이기를 기대하는 것 같습니다. 자녀를 신으로 생각하지 마십시오. 아이 수준에 맞는 기대를 하십시오.
당신의 말이 아이의 미래를 결정합니다.

성인인 부부 사이에도 서로의 마음을 몰라 가슴에 피멍 들게 할 때가 많은데 어린아이들이 어떻게 부모의 마음을 알고 더 나아가 어떻게 부모 생각을 읽고 알아서 행동할 수 있을까요?

두 번째 노하우 : 부모가 먼저 성숙해야 한다

자녀를 훌륭하게 키우기 위해서는 부모가 먼저 성숙해야 한다. 자녀가 성장해 나가듯 부모가 되어가는 당신도 성장하라.

부모가 되기 위해서는 배워야 한다.
자녀가 탄생했다고 부모가 되는 것이 아니다. 부모다운 부모가 되기 위해서는 좀 더 성숙해가며 창조적 부모가 되는 법을 배워 나가야 한다. 아이들을 춤추게 하는 부모가 되라.

자녀와 갈등이 일어나고 충돌이 일어나는 것은 어쩌면 당연하다. 하지만 이때 자녀를 변화시키려고 해서는 안 된다. 자녀를 부모가 만든 틀 안에 넣으려고 하지 말라. 자녀와 갈등이 일어날 때는 자녀에게서 배우라는 메시지라는 것을 깨달아야 한다.

이제는 부모가 성장해야 하는 시기다. 더 부모다운 부모가 되기 위해서!
부모가 흔히 저지르는 실수는 더는 배우려 하지 않는다는 것이다. 생물학적으로도 성인으로 성장하였고, 고등교육도 받았기에 배울 것이 없다고 생각한다. 자녀 양육에 대하여서 전문가처럼 행동한다. 자녀 양육법에 대하여 많이 알고 있다고 생각한다. 자녀들이 어릴 때 고분고분하니까 자신이 부모 역할을 잘하고 있다고 믿는다. 지금은 핵가족시대이자 급속도로 변화가 일어나는 정보화시대이다. 과거의 전통적인 양육 방법은 통하지 않을 수도 있다. 부모는 새로운 자녀 양육 방법을 받아들이고 배워야 한다.

세 번째 노하우 : 자녀를 나의 스승으로 생각하라

"세 사람이 함께 있으면 그중에 반드시 나의 스승이 있다."_ 공자
"나는 만나는 모든 사람을 교육의 기회로 삼겠다."_ 링컨

자녀에게 배우는 자세를 가져라. 자녀를 통하여 깨달음을 얻을 수 있다면 당신은 좋은 부모가 될 수 있다. 다르게 말해 자녀를 통하여 부모가 성장할 수 있다면 우리는 최고의 선물을 받은 것이다.

자녀들은 하루에도 몇 번씩 부모의 인내심을 끊임없이 시험한다. 분노가 폭발할 때까지 밀어붙인다. 이때 부모는 이 상황을 다음과 같이 이해할 필요가 있다.

"내가 조금 더 나은 부모가 되기 위해 내게 성장하라는 메시지구나!"

자녀를 나의 인격을 성장시켜주는 최고 스승으로 삼아 끊임없이 배우고 성장하라.

2. 착하고 순종적으로 성장한 부모가 화를 많이 낸다

성인아동이란 우리가 흔히 '애 어른'이라고 말하는 것과 같은 의미다. 너무 일찍 철이 들고 성숙한 사람을 말한다. 어릴 때 자기 생각이나 감정을 따라 산 것이 아니라 부모님의 기대치를 따라 산 사람이다. 다르게 말하면 부모를 돌보며 살아온 사람이다.

전문적인 용어로는 내사introjection를 많이 한 사람이라고 부른다. 내사introjection란 부모를 비롯하여 중요한 타인의 말이나 행동 그리고 가치관을 비판 없이 받아들여 자신의 가치관으로 내면화한 것을 말한다.

성인아동으로 성장한 사람들은 다음과 같은 특성을 보인다.
모범적이고 착하며 성실하다. 일찍 철이 들어버린 '성인 아동'은 자신의 인생을 살지 못하고 부모나 윗사람의 기대치를 따라 살아온 사람들이다. 아무리 하기 싫고 힘들어도 부모가 시키는 일이라면 순종하며 살아왔다. 자신의 가치나 욕구를 따라 행동하기보다는 부모가 원하는 삶을 살았다고 보면 된다. 부모의 기대치를 따라, 윗사람이 시키는 대로 하면서 성장하였으며 그 과정에서 자신의 감정을 느끼기보다는 자기 생각이나 감정을 꿀꺽꿀꺽 삼켜버리며 살았다.

∷ 성인아동으로 성장한 사람은 많은 규칙을 갖게 되는데…….

부모나 윗사람의 가치관, 윤리나 도덕률을 지나치게 많이 내사한 성인 아동은 규칙을 많이 갖게 된다. 내사가 많은 사람은 성장 과정에서 불안을 느낄 때마다 자신에게 가장 안정적인 방법을 선택했다. 그 안정적인 방법이 바로 부모가 시키는 대로 하는 것이다. 아무리 힘들고 하기 싫어도 해냈다. 몸이 고생한 사람이라 할 수 있다. 이들은 부모가 자신에게 한 모든 교육과 윤리, 도덕적 가치들을 자신의 규칙으로 만들어버린 것이다. 예를 들어 '이렇게 해야 한다. 이건 하면 안 된다.' 등과 같은 규칙이 많다.

이러한 규칙은 자신에게 있어서는 강력한 초자아이며 법이다.
이들에게는 반드시 지켜야 하는 법이다. 스스로 이 규칙을 지키기 위해 정말 많은 노력을 하며 자신은 물론 자녀들이나 배우자도 이 규칙을 지켜야 한다고 생각하고 강하게 주장을 하게 된다. 그래서 가족들 또는 자녀가 이 규칙을 벗어날 때 화가 나는 것이다.

성인아동으로 성장한 부모들은 다음과 같은 내면의 규칙을 가지고 있는 경우가 많다.

- 부모를 절대로 실망하게 해서는 안 된다.
- 부모님께는 순종해야 한다.
- 착하고 얌전해야 한다.
- 나는 절대 슬퍼해서는 안 된다.
- 여자는 얌전해야 한다.
- 분노를 표현해서는 안 된다.
- 모든 사람에게 인정받아야 한다.
- 남자는 울면 안 된다.
- 부모님 마음을 아프게 해드려서는 안 된다.

::성인아동으로 성장한 사람이 부모가 된 경우 다음과 같은 상황에 화가 많이 난다

(1) 아이가 울거나 징징 짜면서 말할 때 화가 난다

많은 부모는 이럴 때 화가 난다고 했다.

● 아이가 징징 울면서 말할 때 화가 난다.

- 한번 말하면 들어야 하는데 잘 듣지 않으니 화가 난다.
- '자녀들이 내 말을 잘 안 들으니 화가 난다.'
- 무엇을 한다고 대답을 한 후에 계속 안 할 때 화가 난다.
- '내 말에 순종하지 않고 반항을 하거나 대꾸를 하니까 화가 난다.'

아이들이 징징 짜면서 말을 하면 대부분의 부모는 이렇게 말한다.
"제발 울지 말고 말을 해! 징징거리지 말고 말을 해야지! 무슨 말인지 알아들을 수가 없어!"

아이들이 우는 것은 정상이다. 그런데 왜 우는 모습을 보면 화를 내는 부모가 있는 걸까? 물론 자주 그렇게 하면 화가 날 수도 있겠지만….

이렇게 생각할 수도 있다.
아이가 우는 것을 보면서 '아이쿠, 우리 아이가 속상한 일이 있었구나.'라고 생각하면서 아이의 마음을 공감하고 지지와 위로를 해 줄 수도 있다.

또 입장 바꾸어 놓고 생각해 볼 수도 있다.

- 나는 어릴 때 징징 짜면서 울지는 않았는가?

- 나는 언제 울었던가?
- 내가 울고 있을 때 어머니에게 가장 듣고 싶은 말은 무엇이었는가?

:: 그런데 왜 나는 아이의 울음에 화가 나는 것일까!

그 이유는 아이의 울음이 어머니의 내면에 있는 미해결된 감정을 건드렸기 때문이다. 즉 어린 시절에 위로 받지 못한 어머니의 감정을 아이의 울음이 계속 건드리고 있기 때문이다.

부모 자신은 어릴 때 부모의 기쁨이 되기 위해 엄마가 '울지 마, 짜증 내지 마. 조용히 해!'라고 말을 하면 즉시 순종을 했다. 울고는 싶은데 슬픔이라는 감정을 꿀꺽 삼키면서 부모가 원하는 모습으로 참으며 살았다. 그런데 나의 자녀가 울 때 "뚝 그쳐!"라고 말을 하면 즉시 멈춰주어야 하는데 아이가 계속 우니까 화가 나는 것이다.

지금 이 엄마에게는 '부모가 말하면 즉시 듣고 순종을 해야 한다.'라는 신념이 지배하고 있다. 자녀의 울음소리가 나의 어린 시절에 미해결된 감정을 건드린 것이다. '나는 부모님이 말씀하시면 바로 울음을 그쳤는데 너는 왜 그치지 않느냐!'라고 생각하며 화가 많이 나는 것이다. 나는 울다가도 부모님이 '뚝 그쳐!'라고 한마디만 하면 울음을 그쳤는데 나의 자녀는 울음을 그치지 않으니 화가 나는 것이다.

자녀들에게 화를 잘 내는 부모들 가운데 상당수는 성장기에 아주 모범적이고 성실하고 예의가 바르고, 착한 분들이 뜻밖에 많다. 화를 내는 이유는 바로 그동안 자신의 감정을 표현하지 못하고 꿀꺽 삼킨 것이 문제가 된 것이다. 소화불량에 걸린 것처럼 나의 내면에 30년 가까이 고요히 있다가 자녀를 양육할 때 우후죽순처럼 터져 나오는 경향을 보인다.

(2) 무엇을 사달라고 집요하게 요구할 때 화가 나요

자녀가 무엇을 사달라고 계속 떼를 쓰거나 집요하게 요구할 때 화가 많이 난다.
아이들이 필요한 것이 있으면 사달라고 요구를 할 수도 있는데 왜 화가 많이 나는 것일까? 때로는 너무 심하게 화를 내는 부모를 발견한다. 이상하게 아이들이 무엇을 사달라고 하면 화가 난다. 그 이유는 부모의 어린 시절에서 찾아볼 수 있다.

성인아동으로 성장한 부모는 자신이 어린 시절에 사고 싶은 것도, 갖고 싶은 것도 많았지만, 부모님이 안 된다는 말 한마디에 모든 것을 포기하고 체념했다. 나는 어린 시절 같은 상황일 때 부모님의 말씀에 순종하여 떼를 쓰지 않았는데 아이는 끝까지 사달라고 자기주장을 하고 고집을 피우니까 화가 난다. 아이의 굽히지 않는 자기주장이 어머니의 내면에 해결되지 못한 감정을 터치하게 된 것이다.

아이들이 떼를 쓰며 고집을 부릴 때 화가 난다면 다음과 같이 대처해보라.

첫 번째 : 화가 난 감정의 근원을 생각해 보라.

부모는 자녀들이 하는 어떤 행동 때문에 화가 많이 날 때는 잠시 멈추어 확인하라. 이 분노가 현재의 감정인지 과거의 미해결된 감정인지를 알아야 한다. 감정의 출처를 파악한 후에 감정을 표현하는 능력을 훈련해야 한다. 분노라는 감정은 우리가 선택할 수 있기 때문이다.

두 번째 : 한번 생각해 보자!

아이가 계속 무엇인가 사달라고 조를 때 부모인 당신은 안 된다고 말하지 말고 "한번 생각해 보자."고 말하라. 안된다고 말을 하면 아이는 더 고집을 부릴 수도 있다. 아이가 "엄마 생각해봤어요."라고 묻는다면 생각 중이라고 말하라. 아이가 꼭 필요한 것이라면 집요하게 생각해 봤는지 계속 물어볼 것이다. 만약 충동구매의 경우라면 이렇게 여러 번 묻지 않을 것이다. 아이가 몇 번 확인을 하는 요구라면 "엄마가 생각을 해 봤는데 너에게 꼭 필요할 것 같아서 사 주기로 했다."고 하라. 그러면 아이는 엄마에게 고맙다고 말을 할 것이고 아이는 고마움을 아는 아이로 성장하게 될 것이다.

세 번째 : '자녀가 건강하게 성장하고 있구나.'라고 생각하라.

만약 아이가 내 말에 순종하지 않고 반항을 하거나 자신의 주장을 강하게 할 때 이렇게 생각하라.

'우리 아이가 이제 자기 생각을 주장하는 힘이 생겼구나. 아주 건강하게 잘 자라고 있구나. 성장하고 있구나. 이제 아이에게 더 많은 선택권을 주고 책임감도 주어야겠다.'

우리가 어릴 때 부모에게 느껴보고 싶었던 감정이 바로 이것이었을지도 모른다.

이때 잊지 말아야 할 것이 있다. **절대 화를 내면 안 된다.**

화를 내면 아이에게 말려든다. 그냥 미소를 지으며 친절하면서도 부드러운 목소리로 아주 단호하게 말하고 그대로 행동으로 옮겨야 한다.

3   몇 번씩 말을 해야 들으니까 화가 난다

강압적인 부모들은 자녀들이 다음과 같이 행동할 때 화가 난다고 대답했다.

- 한번 시키면 즉시 해야 하는데 안 하니까 화가 난다.
- 대답은 했는데 행동을 안 하니 화가 난다.
- 그렇게 혼을 내었는데도 계속 반복이 되니까 화가 난다.
- 말귀를 잘 알아듣지 못하니 화가 난다.
- 부모의 권위에 도전한다고 생각하며 화가 난다.
- 행동이 느릿하게 하는 것을 보면 화가 난다.
- 무엇인가를 시키면 바른 말을 들으면 되는데 몇 번씩 말을 해야 들으니 화가 난다.

강압적 부모 양육 태도에 대해 살펴보자.
강압적 부모는 목소리가 크고 성격이 급하다. 목소리에 약간의 짜증과 못마땅한 표정과 뉘앙스가 담겨 있다. 부모는 자신의 목소리가 커져 있는 것도 잘 모른다. 자신의 말에 얼마나 많은 짜증과 불만이 섞여 있는지 잘 모른다. 물론 처음부터 목소리가 큰 것은 아니다. 아이들이 몇 번 말을 해도 부모 말을 잘 안 들으니까 목소리가 커지고 짜증이 튀어나오는 것이다.

강압형의 부모는 다음과 같은 신념을 갖고 있다.
"내가 시키는 대로 하면 된다. 다 너 잘되라고 하는 거야. 나만큼 너를 사랑하는 사람은 없다."
그래서 자녀에게 강압적이며 잔소리가 많아진다.
"이것하고 나면 저것도 해라. 서두르지 않으면 늦겠다. 당장 일어나라. 양치질해라. 손발 씻고 밥 먹어라. 발 씻기 전에는 들어올 생각을 하지 말라. 숙제해야지. 자, 이제 잠잘 시간이다."
계속 잔소리를 한다. 숨이 막힐 정도로 고압적으로 명령하고 지시하고 통제와 간섭을 한다. 거의 반복적이며 무의식적으로 반복되며 자동화되어 있는 것 같다.

하지만 지나치게 통제하고 매사에 강압적인 양육태도를 취하게 된다면 자녀들은 자기만의 방식으로 부모를 화나게 할 것이다. 그 방법 가운데 하나는 대답은 하고 행동은 하지 않는 것이다.

부모는 왜 강압적으로 자녀를 양육하게 되는 걸까?

부모가 강압적으로 자녀를 양육하는 이유는 기질적인 측면도 있지만, 대부분은 불안 때문이다. 자녀들이 혹시 잘못되면 어떻게 할까? 자녀를 잘못 키워서 나중에 혹시 잘못되면 어떻게 할까? 부모의 불안감으로 과잉보호를 하고, 지나치게 통제하고 지시하며 간섭하기도 한다.

이러한 명령과 통제, 간섭은 자녀를 사랑하는 부모로서 충분히 할 만한 잔소리이다. 다만 이러한 일들이 지속적이고 반복적으로 매일매일 일어난다고 가정을 해보자. 자녀들은 어떻게 견딜 것인가? 의존성이 강한 초등학교 때는 순응하지만, 사춘기가 되면 어떻게 반응할 것인가?

::부모가 강압적인 방법으로 자녀를 양육할 때

이때 자녀들의 반응은 크게 세 가지로 나타난다.

첫 번째 순응하는 자녀가 있다

순응한다는 것은 착하다는 것이다. 그냥 부모의 말에 의문도 하지 않고 부모의 지시를 따라 순종한다. 이들은 사춘기가 되어도 부모의 말에 순종하고 잘 따른다. 이들은 통제와 지시를 받을 때 오히려 편안함을 느낀다. 부모의 지시나 명령을 받지 않으면 오히려 허전함을 느낀다. 그에게는 무엇을 하라고 알려주는 사람이 있어야 한다. 주도권을 잡고 일을 해 나아가는 데 제 뜻대로 행동하지 못하기 때문에 머뭇거리는 경향이 많고 혼자 책임지고 결정해야 하는 일이 있을 때는 오히려 불안감을 느낀다.

초등학교 때는 고분고분하고 순종적인 아이가 중학생이 되어서 갑자기 이상행동을 하고 일탈 행동을 하기도 한다. 이때 대부분 부모님은 이렇게 말을 한다.
"우리 아이는 지금까지 부모 속을 한 번도 썩인 적이 없어요. 우리 애가 이렇게 된 것은 친구를 잘못 사귀어서 그래요."
사실은 친구를 잘못 사귀어서가 아니라 착함과 고분고분함 속에 자신의 분노나 욕구를 억압해 놓았다가 친구를 만나게 되면서 밖으로 분출된 것이다. 이때 부모는 아이 내면의 생각과 감정을 공감하고 보듬어주는 것이 중요하다. 순응하고 고분고분하게 성장한 사람들은 대부분 모범적이고 착한 성인아동으로 성장할 가능성이 크다.

지혜로운 부모들이라면 순응하는 아이로 키우기보다 정직한 아이, 자기 주도적인 아이로 키우기 바란다.

당신의 자녀를 '고분고분하고 순응하는 성인아동'으로 키우려 애쓰지 말고 '정직한 아이'로 키워라. 정직한 아이는 자기 생각이나 감정을 적절하게 표현하지만 착한 아이는 모든 것을 '착함'이라는 틀 속에서 자신의 긍정적인 욕구와 열정마저 억압하며 살아가게 된다.

순응하는 아이보다 자기 주도적인 아이로 키워라. 선택과 결정을 자기 주도적으로 할 수 있는 아이로 양육하라. 선택과 결정은 자아정체성의 기초이다. 자녀에게 선택과 결정권을 많이 주어라. 그리고 아이가 선택과 결정을 했을 때는 아이를 존중하는 마음으로 무조건 지지를 해주어라.

두 번째 소극적인 반항을 한다

소극적 반항은 부모의 말에 대답은 잘하는데 행동은 잘 하지 않는 것이다. 즉 부모가 명령과 지시를 하면 일단 대답은 한다. 그러나 미루기를 잘하고 꾸물거리는 것이다. 자녀 입장에서 부모의 강압적인 태도에 불만이 쌓인다. 그러나 막상 불만을 표현하게 되면 부모가 화를 내거나 나에게 불이익이 올 수 있기에 화를 내지 않는다. 그러나 아이는 감정을 가진 존재이기 때문에 화를 교묘한 방법으로 풀게 된다. 그것이 대답만 하고 행동을 하지 않는 것이다. 아이는 자신의 속상한 마음을 미루기를 통해 부모에게 표현하고 있다.

예를 들자면 등교하기 위해 아이를 깨우는 상황이다.

엄마 "학교에 갈 시간이 다 되어간다. 일어나야지."
아이 "예!"
어머니 (다시 소리를 높여서) "학교 늦겠다. 빨리 일어나야지?"
아이 "이제 일어나고 있어요."(대답은 하지만 실제로 하지는 않는다).

이쯤 되면 엄마는 화가 스멀스멀 올라옵니다.
큰 소리로 말하지요.

엄마 "빨리 일어나라! 좀 전에 일어나고 있다고 했잖아. 빨리 일어나?"

아이 "알았다니까? 지금 일어나잖아."(말로는 일어났는데 밖으로 나오지 않는다).

이제 엄마는 열 받아서 화를 내려는 순간이다.

아이 "와! 시간이 벌써 이렇게 되었네."

이렇게 말하며 세수하러 들어간다.
이것이 전형적인 소극적 저항의 형태다. 즉 명령과 반항의 사이클이 반복된다.

아이가 이렇게 소극적 반항을 할 때는 어떤 목적이 있는 걸까?
피곤해서 그럴 수도 있지만 아주 단순하고도 분명한 의도가 있다. 바로 엄마를 열 받게 하는 것이다. 엄마가 열을 받는 순간에 아이는 스스로 자기 할 일을 알아서 하게 된다. 목적을 달성했기 때문이다.

부모가 명령·지시·통제·간섭을 하면 자녀들도 화가 난다. 부모의 힘이 너무 강하기에 표현을 하게 되면 불이익을 당할 수 있다. 한 번쯤 아이가 자신의 의사를 표현했는데 불이익을 당한 경험이 있다면 아이는 자신의 상한 감정을 직접 표현하는 것이 아니라 교묘한 방법으로 엄마를 열 받게 하는 것이다. 그 교묘한 방법이 대답은 하는데 행동으로 즉시 옮기지 않는 것이다. 기본으로 3~4번쯤 대답만 하고 행동으로 옮기지 않는다.

세 번째는 적극적으로 반항을 한다

아이들은 부모의 힘에 강압에 눌리면서 속으로 '독립할 때까지만 기다리자.'라고 생각한다. 그러다가 고등학교를 졸업함과 동시에 부모에게 반기를 들고 나가기도 한다. 때론 사춘기 때부터 부모와 힘겨루기를 하면서 수많은 갈등을 일으키기도 한다. 이러한 적극적 저항은 사춘기 때 일탈로 나타날 수도 있고, 고등학교 졸업 후에 부모의 영향력에서 벗어나고 싶어 대학교는 무조건 멀리 있는 대학을 선택하기도 하고 부모를 떠나기 위해 잘못된 결혼을 선택하여 평생 후회하는 삶을 살기도 한다.

그럼 어떻게 해야 하는가?
부모와 자녀 사이에 흐르는 명령과 반항의 고리를 끊어야 한다. 강압적인 양육 태도를 보이는 부모는 매일 명령과 지시, 통제, 간섭을 한다. 자녀는 대답만 하고 행동으로 옮기지 않으면서 소극적 반항의 고리가 순환되고 있다. 명심해야 할 것이 있다. 명령과 반항의 고리를 끊는 것이다. 그렇다면 명령과 반항의 고리를 끊을 방법은 무엇일까?

:: 명령과 반항의 고리를 끊는 방법

시작하기 전날 내일부터 어떻게 할 것인가에 대한 구체적인 설명을 하라.
"아들아, 앞으로 아침에 일찍 일어나라고 한 번만 말할 것이다. 한 번 말한 후에 네가 일어나서 밥을 먹고 학교에 가든지, 지각을 하든지, 이제는 네가 책임을 져야 한다. 알았지? 늦었다고 엄마가 학교에 태워주는 일도 없을 것이고, 과제물을 잊었다고 전화와도 가져다주지 않을 거야."라고 말하라.

다음 날 아침에 "아들아, 일어나야지, 빨리 밥 먹고 학교 가야지."라고 말을 하면 아들은 틀림없이 대답만 하고 일어나지 않을 것이다. 두 번 깨우지 말고 가만두어라. 아들은 시간이 되어서 헐레벌떡 일어나서 "엄마, 왜 나를 안 깨웠어요? 학교 늦겠어요. 밥도 못 먹고 학교 가야 할 것 같아요. 오늘 지각을 할 것 같으니까 엄마가 학교까지 태워줘요."라고 짜증을 내며 말을 할 것이다.

이때 당신은 어제 아들에게 약속한 대로 하면 된다. 이때 주의할 것은 아들이 떼를 쓴다고 이번만 해 줄 거야, 다음부터는 절대 해주지 않을 거야 등과 같은 말을 하지 마라. 처음부터 단호하게 해주지 않아야 한다.

또한, 아이에게 화를 내어서도 안 된다.
어머니의 마음은 아프겠지만 친절하면서 단호하게 해야 한다. 아들이 생각할 때 '엄마가 변했구나. 이제 내 방법이 통하지 않는구나. 이젠 말을 하면 실행을 하는구나.' 라는 것을 깨닫게 해주어야 한다.

이때 남편이 도와주면 참 좋다.
아들이 피곤해서 일어나지 못 할 때가 있다.
이때 아빠는 말없이 아들 방에 가서 아들의 다리를 만져주면서 "아들아! 많이 피곤하고 힘들지?"라고 말하라. 그러면 아이는 스스로 일어날 것이다.

4 형제들이 자주 싸울 때에 화가 난다

"형제들이 사이좋게 지냈으면 좋겠는데 자주 싸워요. 애들이 싸우는 것을 보면 화가 나요."라고 말하며 고민스럽다는 부모님들이 상당히 많다.
그러면 이렇게 되묻는다.
"부모님들은 성장할 때 어땠나요? 형제끼리 아주 사이좋게 지냈나요? 아니면 많이 싸우면서 성장했나요? 또는 형제끼리 폭력을 행사하는 가정에서 성장했나요?"

형제들끼리 사이좋게 성장한 가정에는 어떤 공통점이 있는지를 찾아보았다.

첫 번째는 부모의 관계가 행복하고 부모가 아이들의 감정을 공감하고 기분을 알아주며 가족끼리의 대화가 일상화되어 있고 자녀들도 부모를 존경하는 화목한 가정이다.

두 번째는 사랑과 유연성이 있는 건강한 가정으로 위계질서가 있으면서도 상호 존중이 있는 가정이다. 사랑이 있는 대화를 하고 서로 존중하는 분위기이므로 싸워야 할 이유가 없는 것이다. 싸우더라도 짧고 간결하게 토닥토닥 하면서 끝난다.

세 번째는 큰 아이가 기질적으로 점액질 성향이 강한 유형일 경우이다. 점액질은 인격적이고 돌봄과 배려, 섬김의 삶을 살아가는 유형이다. 이들은 갈등을 싫어하기 때문에 차라리 양보하거나 배려하는 것을 선택한다. 그래서 큰 아이가 동생을 잘 돌보게 된다.

네 번째는 자녀들의 나이 차이가 크게 나는 경우이다.

다섯 번째는 마지막으로는 부정적인 경우인데 첫째가 둘째를 완전히 제압했을 때이다. 제압하는 방법은 폭력과 편애로 연결되어 있다. 형의 말은 곧 법이다. 동생 처지에서 볼 때 형은 두려운 존재가 되는 것이다. 그래서 동생은 형의 눈치를 봐야 하고 순응을 해야만 한다. 형에게 자신의 의사 표현을 할 수가 없다. 이런 경우에는 사이좋게 지내는 것 같지만, 사실은 아니다.

형제들은 지속해서 싸우면서 성장한다. 싸우면서 성장하는 것은 이상한 것이 아니라 건강한 것이다. 하지만 형제간에 폭력이 오고 가서는 안 된다. 부모는 자녀들이 토닥토닥 싸우는 것과 폭력이 오가는 것은 반드시 구분해 주어야 한다.

:: 1) 형제들은 왜 싸울까? 사이좋게 지내면 되는데….

세상에 목적 없는 싸움은 없다. 자녀들이 싸우는 데는 분명한 목적이 있다. 그 싸움의 목적은 부모이다. 부모에게 자신의 사랑과 존재감을 확인받고 싶어 싸우는 것이다.

아이들은 엄마가 없으면 싸우지 않는다. 왜냐하면, 엄마의 관심을 얻는 것이 싸움의 목적이기 때문이다. 아이들은 엄마가 개입할 때까지 싸운다. 엄마가 개입하는 순간에 아이는 자신의 정당성을 주장하고 상대방의 잘못을 서로 지적하고 엄마에게 일러준다. 다시 말하면 자녀들은 부모에게 어떻게 받아들여지고 있는지 확인하고자 하는 것이다. 엄마는 누구를 더 사랑할까를 확인하고 싶은 것이다. 싸움을 통해서 자신의 존재감이나, 가치, 소속감 등을 끊임없이 확인하는 것이다.

첫째 아이는 부모의 사랑을 독차지하다가 동생이 태어나면서 사랑의 절반 이상을 동생에게 나누어 준 사람이다. 얼마나 마음이 아플까? 부모가 동생에게 주는 사랑을 다시 찾고 싶고 나를 동생보다 더 사랑하는가를 확인하고 싶은 것이다.

'엄마는 나를 더 사랑하는가? 아니면 동생을 더 사랑하는가?' 그래서 첫째는 늘 엄마 사랑에 목말라 있다.

한편 둘째 아이는 엄마 사랑을 독차지해 본 경험이 없다. 처음부터 사랑을 절반밖에 못 받았다. 그래서 둘째는 약간의 피해의식이 있고 사랑에 목말라 있다. 둘째의 소원은 첫째를 이겨보는 것이다.

첫째와 둘째는 엄마를 가운데 두고 사랑싸움을 하는 것이다. 사랑은 독차지해야 하지 반으로 나누는 것이 아니다. 그런데 형제들은 엄마의 사랑을 절반으로 나눴으니 얼마나 마음이 아프고 상대방이 밉겠는가! 미워하면 안 되기에 날마다 싸움을 하는 것이다.

::2) 형제들이 싸울 때 대체로 누가 잘못하는 것 같습니까?

형제들이 싸울 때 일반적으로 부모는 다음과 같은 반응을 보인다.
형제가 싸우면 대체로 둘째가 울면서 엄마에게 와서 형이 나를 때렸다고 말한다. 형에게 왜 동생을 때렸느냐고 물으면 형은 아주 논리적으로 왜 때렸는지를 설명을 한다.
"동생이 나에게 버릇없이 대들었고, 나에게 욕을 하고 물건을 집어 던졌다."고 한다. 엄마는 동생에게 그렇게 했는지 되물으면 동생은 그렇게 했다고 한다. 이때 엄마는 재판관이 되어 판단을 내려주고 훈계를 한다.

아이들의 말을 들은 후에 부모님의 대처는 다음과 같은 세 가지 유형으로 나타난다.

첫 번째는 첫째 아이를 야단치는 부모가 있다.
"넌 형이잖아. 동생을 잘 돌봐줘야지, 왜 그렇게 싸우고 그래? 그렇게 속이 좁아서 앞으로 무슨 일을 할래? 넌 동생이 그렇게도 싫어?" 하면서 형을 야단친다.

두 번째는 둘째를 야단치는 부모가 있다.
동생에게 "넌 동생이 어찌 형에게 그렇게 하고 그래?"라고 말하는 부모가 있다.

세 번째는 둘 다 야단을 치는 부모가 있다.

위에 제시된 세 가지 방법 중에 어떤 방법이 제일 옳을까?
안타깝지만 세 가지 방법 모두 잘못된 훈육 방법에 가깝다. 생각해보자. 형을 야단치면 형이 억울하다. 둘째를 야단치면 둘째가 억울하다. 둘 다 야단치면 둘 다 억울하다.

:: 3) 형제들이 싸울 때 어떻게 해야 좋을까?

(1) 형제들이 싸울 때 자세히 관찰하라
형제들이 싸울 때 왜 싸우는지, 누가 잘못을 하고 있

는지 잘 관찰하기 바란다.

형제들의 싸움은 대체로 둘째가 많이 잘못하는 것 같지만 사실 알고 보면 첫째가 둘째를 교묘하게 괴롭히는 경향이 많다. 서로 마주칠 때마다 형이 동생의 발을 살짝 건드린다든지, 머리를 한번 치고 간다든지, 교묘한 방법을 사용해 지속해서 괴롭힌다.

이 교묘한 괴롭힘은 언제까지 지속하느냐!

바로 동생이 화를 내면서 자신에게 대들 때까지, 딱 그때까지다. 동생은 형의 괴롭힘을 3~4일을 잘 참다가 드디어 짜증이 폭발하여 형에게 대든다.

첫째는 둘째가 대들 때까지 지속해서 표가 안 나게 괴롭힌다.

둘째가 대드는 순간, 형은 동생을 세게 때려버린다. 동생도 억울해서 대들게 되면서 싸움은 걷잡을 수 없는 소용돌이에 빠져들게 된다. 이때 엄마가 스스로 개입을 하는 상황이 되기도 하고 아니면 동생이 울며 엄마에게 가서 형이 나를 때렸다고 이르기도 한다. 엄마가 개입을 하면 첫째 아이는 재빨리 엄마 곁으로 와서 동생이 대들었다고 자초지종 설명을 아주 잘한다. 누가 들어봐도 동생이 잘못한 것처럼 느껴진다. 동생도 엄마 곁에 와서 엄마에게 말을 한다. 매일 조금씩 형이 자신을 교묘하게 괴롭힌 상황을 설명을 하려고 한다. 그러나 일주일 전부터 형이 교묘하게 괴롭힌 방법을 설명할 방법이 없기에 버벅거리며 말을 한다. 상황이 눈앞에 그려지지 않는가! 울면서, 나이가 어리니 논리성도 약하고, 억울함이 가득하기에 상황을 정확하게 표현할 수도 없다. 도리어 설명을 하다가 엄마에게 더 크게 야단을 맞기도 한다.

한마디로 정리해보자. 형으로서는 동생이 싫은 것이다.
동생만 태어나지 않았다면 내가 엄마 사랑을 독차지하는데 동생이 태어남으로 사랑을 절반 이상 나누어야 하기 때문이다. 그런 동생이 미운 것이다. 그런데 동생을 미워할 수가 없다. 형제이기 때문이며 동생을 미워하면 부모님이 싫어하기 때문이다. 그래서 좋으면서도 밉고 미우면서도 좋은 것이다. 그래서 첫째는 둘째를 교묘한 방법으로 화나게 하여 자신에게 대들 수 있는 상황을 만들어주고 대들 때 합리적인 이유로 동생을 때리게 되는 것이다.

아빠는 밥상 아래에서 일어나는 사건을 알고 있다

우리 집 두 아이의 이야기다.
그날도 형제들이 싸울 때 관심 있게 살펴보라는 강의를 들은 후여서 아이들이 행동하는 모습을 관찰하기 시작했다.

첫째 아이가 초등학교 3학년이고 둘째가 초등학교 1학년이었을 때이다. 식사를 하는데 상 아래에서 첫째가 둘째를 발로 차면서 장난을 치기 시작했다. 교묘하게 괴롭히고 장난을 쳤다. 둘째는 몇 번 참다가 짜증이 났는지 첫째에게 대들었다. 그 순간 첫째는 엄마에게 둘째를 일렀다.

"엄마, 동생이 나에게 욕을 했어요. 누나에게 동생이 막 대들려고 해요."라고 했다.

엄마는 둘째에게 "누나에게 욕을 하면 안 되지." 하고 따끔하게 훈계를 했다. 그리고 엄마는 부엌으로 발걸음을 옮겼고 그 순간 첫째는 둘째에게 혀를 내밀어 '메롱~' 하며 동생을 놀리고 있었다.

상을 둘리고 난 후 첫째를 조용히 불렀다.

"사랑하는 딸아, 오늘 아빠는 밥상 아래에서 일어난 사건을 알고 있다."라고 했다. 아이는 갑자기 내 품에 안기면서 펑펑 울었다. 나는 아이를 꼭 안아주면서 이렇게 말했다.

"동생 때문에 많이 속상하지? 동생이 태어나지 않았다면 너는 엄마, 아빠 사랑을 독차지했을 텐데, 그렇지?"

내 이야기를 들은 아이는 더 서러워졌는지 한참 동안 눈물을 그치지 못했다.

"그래, 아빠는 네 마음을 안단다. 사랑해, 내 딸…. 태어나줘서 고마워. 아빠는 네가 그동안 동생을 잘 돌봐줘서 고맙고, 건강하게 자라줘서 고마워. 사랑해." 하며 딸을 꼬옥 안아주면서 이렇게 덧붙였다.

"그래도 아빠는 네가 동생과 사이좋게 지냈으면 해."

이후에 아이는 동생과 정말 잘 지냈다. 물론 약간의 다툼은 있었지만….

다음에는 동생을 불렀다.

"아들아, 속상하지? 밥상 아래에서 일어난 일은 모르고 엄마가 너에게 야단을 쳐서 속상하지?"

아이는 이렇게 말했다.

"아빠, 이제 괜찮아요. 누나가 조금 전에 나에게 미안하다고 했어요. 아빠, 내 마음을 알아줘서 고마워요. 앞으로 누나와 싸우지 않고 사이좋게 지낼게요."

하지만 그 다짐은 얼마 가지 않아 깨어졌다.

(2) 가능하면 아이들 다툼에 개입하지 말라

아이들이 말다툼할 때 엄마가 잠깐 밖에 나가는 것도 도움이 될 것이다.

자녀들이 말다툼하면서 토닥토닥 할 때 "애들아, 엄마가 잠깐 마트에 다녀올게." 하고 밖으로 나가라.

엄마가 나가는 순간부터 아이들은 아주 사이좋게 지낸다. 왜냐하면, 싸움의 목적이 없어지기 때문에 아무 일 없다는 듯이 사이좋게 지낸다. 그러다가 어머니가 들어오면 또 싸운다. 토닥토닥 많이 싸우는 자녀들은 오히려 밖에 나가면 형제애가 아주 좋다. 형이 동생을 잘 돌보고 보호하고 챙겨주며 동생도 형을 잘 따른다. 반대로 집에 들어오는 순간부터 다시 싸우기 시작한다.

심하지 않게 싸운다면 부모는 가능하면 개입하지 마라. 그냥 엄마가 하던 일을 열심히 하면 된다. 아이들이 싸우는 소리가 들려도 모르는 척하고 콧노래를 부르면서 자연스럽게 행동하라. 아이들은 싸우다가 재미있게 노는 것을 반복하게 될 것이다. 부모가 보기에 자녀들이 생각 없이 싸우는 것 같지만 늘 어머니의 반응을 염두에 두고 싸우고 있다. 공격적인 행동이 나오기 전까지는 가능하면 싸움에 개입하지 말자.

(3) 형제들을 각각 불러서 마음을 공감해 주어라

형제는 둘 다 억울하다. 첫째는 엄마의 사랑을 절반으로 동생에게 나누어 준 것이 억울하고 둘째는 엄마 사랑을 독점해 본 경험이 없어서 억울하다. 그래서 누구를 뭐라 하든, 둘 다 야단을 치든 간에 자녀들은 마음에 상처를 입게 되어 있다. 둘째는 부모 사랑을 독차지해본 경험이 없으니 항상 사랑에 목마르다.

첫째 아이를 따로 불러서 마음을 공감하고 기분을 알아주라.
"아들아, 많이 힘들고 속상하지? 동생이 태어나지 않았다면 엄마 사랑을 네가 다 받았을 텐데 얼마나 속상하니?" 하며 마음을 알아주고 꼭 안아준다. 그리고 이렇게 말한다. "그래도 네 동생인데, 엄마가 어떻게 해주면 좋을까?"라고 물어보라. 그리고 아이가 대답을 하면 칭찬하고 아이 편이 되어 주어라. 그리고 엄마의 솔직한 마음을 이야기해 준다.
"엄마는 동생 하고 잘 놀았으면 좋겠는데…."라고.

둘째를 따로 불러서 마음을 공감하고 기분을 알아주라.

"둘째야, 형이 교묘하게 괴롭혀서 많이 힘들고 속상하지? 엄마는 네 마음을 안다. 엄마가 어떻게 하면 좋겠니? 엄마는 네가 형이랑 사이좋게 놀았으면 좋겠는데, 엄마를 도와줄 수 있겠니?"라고 하라. 그리고 "사랑한다. 태어나줘서 고마워."하며 안아주어라.

그렇게 하면 두 형제자매가 한동안은 잘 지낼 것이다. 하지만 효력이 금세 떨어져 또 싸우게 될 것이다. 싸우는 것은 지극히 정상적이라는 것을 기억하자. 이 사실을 기억하고 대처하는 지혜가 부모에게 필요하다.

:: 4) 가장 위험한 편애

국어사전에서 편애란 '어느 한 사람이나 한쪽만을 유달리 사랑함'이라고 정의하고 있다. 편애를 하고 자녀를 양육한다는 것은 한 아이는 사랑을 많이 하고 한 아이에게는 사랑을 많이 주지 않는다는 뜻이다. 아이들은 부모님의 관심과 사랑을 받으려고 애쓴다. 그런데 부모가 편애하게 되면 어떤 일이 벌어질까?

편애를 인한 비극은 말로 표현할 수 없을 정도로 많다. 성경에도 편애로 인한 비극의 가정사가 나온다. 현대 사회에 중동의 화약고, 이스라엘과 아랍권의 갈등은 편애에서 시작되었다.

물론 구속사적 입장으로 보면 다른 각도로 볼 수 있지만, 가정학적으로 보면 편애가 비극을 불러온 원인이 될 수 있다.

아브라함의 자녀는 8명인데 그중에 중요한 자녀는 2명이다. 첫 번째는 여종 하갈에게서 난 아들 이스마엘이고, 두 번째는 사라에서 난 이삭이다. 이삭이 탄생하기 전까지는 부모가 이스마엘을 사랑했지만, 이삭이 탄생한 후에는 모든 사랑이 이삭에게 갔고 이스마엘은 밀려나기 시작했다. 지금 이스라엘과 아랍권의 갈등은 여기에서 시작되었다고 할 수 있다.

2008년 8월 1일 자 폴리스타임지에 편애가 부른 비극적인 사건이 실려 있었다.
국내 명문대학교를 나온 남동생과 지방대 중퇴생이었던 딸, 그리고 남동생과 딸을 비교하며 아들만을 지나치게 위하던 어머니. 어머니의 '아들 편애'는 딸에게 '우울증'이란 정신병을 안겼고 모친을 향한 딸의 시선은 점차 '병적인 증오'로 변해갔다. 그렇게 10년 동안 쌓인 증오는 끝내 '어머니 살해'라는 끔찍한 범죄로 이어지고 말았다.

편애 가운데서도 가장 위험한 것은 첫째보다 둘째를 더 사랑하는 것이다. 그렇게 되면 첫째는 패배감을 맛보게 된다. 둘째는 첫째를 이김으로 인하여 자신감을 느끼고 살겠지만, 패배감을 맛본 첫째 아이는 무기력해지거나 분노를 억압한 채로 성장하게 된다. 자녀는 부모의 사랑을 먹고 성장해야 한다. 차별이나 패배감으로 인해 억압된 분노는 가슴 깊은 곳에 한으로 자리 잡을 수도 있다. 그리고 먼 훗날 다양한 방법으로 표출되기도 한다.

5 원치 않는 임신으로 탄생한 자녀에게 화가 많이 난다

부모라면 자녀를 사랑하는 것이 마땅하지만, 의외로 자녀를 싫어하는 사람이 있다. 이 아이만 보면 화가 나고 그 화가 도무지 절제되지 않는다. 아이가 어떤 행동을 하든지 다 마음에 들지 않는다.

자신의 태를 통해서 출산하였음에도 불구하고 엄마는 왜 아이를 싫어할까?
원치 않았던 아이일 가능성이 크다.
원치 않는 아이의 이유는 다양하겠지만 대체로 다음과 같은 이유이다.

- 혼외 관계를 통해서 임신해서 태어난 사람
- 부모들이 원치 않는 시기에 임신해서 태어난 사람
- 준비가 되지 않는 시기에 임신해서 탄생한 사람

- 다른 성의 아기를 원했던 임신으로 탄생한 사람
- 잉태되었을 때 부모가 부부관계나 다른 문제를 가지고 있었던 사람들
- 남편의 싫어하는 점을 닮은 아이
- 자신의 약점을 쏙 빼닮은 아이

그렇다면 원치 않았던 아이에게 화가 그렇게 많이 나는 이유는 무엇일까? 그 이유는 이 아이가 나의 불행의 원인이라고 생각하기 때문이다.

- 이 아이만 임신만 하지 않았더라면 내가 이 인간하고 결혼을 하지 않았을 텐데….
- 이때 임신만 하지 않았더라면 내가 회사에서 승진할 좋은 기회였는데….
- 아들을 바랐는데 왜 하필이면 딸이야?

위와 같은 생각으로 아이가 나의 삶에 걸림돌이 된다고 생각하기에 화가 난다.
아이만 봐도, 아이의 목소리만 들어도 신경질이 나고, 아이가 울거나 고집을 부리면 더 짜증이 난다.

아이에게 화가 많이 난다면 임신했을 때로 되돌아가보자.

- 아이의 임신이 내가 원하는 것이었는지 원치 않는 것이었는지?
- 부부관계는 어떠하였는가?
- 가족들과의 관계는 어떠하였는가?
- 기다리는 아이였나? 아니면 때에 맞지 않는 임신이었나?

임신했을 때 엄마가 가졌던 마음은 아이가 태어난 후에도 그대로 전달되고 엄마가 아이를 양육하는 과정에서도 지대한 영향을 미치게 된다.

그런데 아이러니한 것은 거절당한 아이나 원치 않는 아이로 탄생한 자녀는 부모님께 인정과 사랑을 받기 위해 힘든 일을 알아서 잘한다. 즉 엄마가 아이를 거절하고 밀어낼수록 아이는 엄마에게 더 달라붙는 행동을 하고 착하게 행동하고 알아서 공부도 하고 심부름도 잘한다. 거절당하는 것이 두려워서 사랑받으려고 애를 쓰는 것이다.

옛말에 이런 말이 있다.
'굽은 나무가 산소를 지키고, 눈먼 자식이 효도한다.'
거절당하고 원치 않은 임신으로 탄생한 이들이 어쩌면 인정받고 싶은 욕구가 강해서 끝까지 부모를 모시는 경우도 많다. 그럼에도 불구하고 엄마는 아이를 싫어하고 화를 많이 낸다. 아이가 아무리 잘해도 아이의 행동과는 전혀 관계없이 화가 난다. 부모의 마음이 아이를 거부하고 있기 때문이다.

6 완벽을 추구하는 부모가 화를 많이 낸다

완벽주의 성향이 있는 부모는 다음과 같은 상황일 때 화가 날 수 있다.

- 내가 생각하는 대로, 내가 말하는 대로 움직이지 않으니 화가 난다.
- 안 좋은 습관을 고쳐야 하는 데 안 좋은 습관들이 지속적이고 반복이 될 때 화가 난다.
- 자녀가 솔직하지 않고 반복해서 거짓말을 하니까 화가 난다.
- 약속을 안 지키니까 화가 난다.
- 생각 없이 말할 때 화가 난다.
- 계획성 없이 행동할 때 화가 난다.
- 자녀가 내 마음을 몰라줘서 화가 난다.
- 예의 없는 행동을 할 때 화가 난다.
- 내 마음을 몰라주니까 화가 난다.

- 나의 바람이나 기대치를 따라오지 못할 때 화가 난다.
- 아이들이 자신의 물건을 정리 정돈을 하지 않을 때 화가 난다.

위에 언급한 아이들의 행동은 정도의 차이는 있지만, 아이들이니까 대부분 조금씩 갖고 있는 부분이다. 그런데 유독 화가 많이 난다. 그 이유는 무엇일까?

:: 완벽주의란?

완벽주의는 지나치게 정확하고 꼼꼼하고 철저하며 결코 실수를 하지 않으려는 태도를 말한다. 올바름을 추구하는 경향이 강하며 모든 일에 완벽함을 추구하려는 사람들이다.

:: 완벽을 추구하는 부모의 소원

완벽주의 성향이 있는 부모는 아이를 잘못 키웠다는 소리를 듣기 싫어한다. 완벽한 아이로, 바른 아이로 잘 키워보려고 애쓴다. 이러한 부모의 성향 때문에 부모는 자녀들의 행동이나 말에 구체적으로 지적하고 통제하고 간섭을 한다. 아이들이 부모의 기대치에 완벽하게 따라올 수 없으니 부모는 분노가 많이 일어난다. 하지만 이들은 완벽한 자신이 화를 내면 안 된다고 생각하기 때문에 화를 내려다가도 억압한다. 그러다가 가정에 들어오게 되면 화를 많이 낸다. 화를 내는 방법도 충동적이며 급하게 내는 것이 아니라 이성적으로 조목조목 따지며 잘못을 지적할 가능성이 크다. 때로는 분위기를 냉랭하게 하여 분노를 표현하기도 한다.

아이들을 잘 키우고 싶어 하는 완벽주의 부모는 다음과 같은 강박적 사고가 있다.

:: [강박적 사고 1] '제대로 해야 한다.'는 강박적 사고에 사로잡혀 있다

무엇을 해도 제대로 해라. 하나를 하더라도 제대로 해라. 네가 제대로 하는 것이 무엇이 있느냐? 라는 말을 많이 한다. 이 메시지의 핵심은 "제대로 해라."라는 것인데 이제는 자녀에게 이 말을 그만하도록 하자. 이 말의 의미는 '너는 제대로 하는 것이 하나도 없다. 네가 잘하는 것이 무엇이 있느냐?'라는 것이며 인격을 모독하는 언어이기 때문이다.

:: [강박적 사고 2] '실수하면 안 된다.'는 생각에 사로잡혀 있다

이들은 작은 실수를 크게 생각한다. 실수를 실패라고 생각할 가능성도 크다. 반복되는 실수는 수용이 잘되지 않는다. 이들은 가능하면 실수하지 않고 정확하고 완벽하게 하려고 한다. 실수해서 남에게 폐를 끼치면 안 된다고 생각한다. 자녀들이나 배우자에게도 "이번 실수는 봐 주는데 다음부터 실수하면 내가 용서하지 않을 거야!"라는 말을 자주 한다.

실수는 인간이기 때문에 누구나 다하는 것이다. 실수를 하지 않고 배우는 것은 아무것도 없다. 실수를 통해서 지혜를 배우고 성장하게 된다. 자녀가 문제 있어서 실수하는 것이 아니다.

'실수는 인간이기 때문에 한다. 그러나 실수를 잘못 처리하는 것은 악마적이다.'는 말이 있다. 잘못 처리한다는 말의 의미는 사소한 실수를 했을 때 자신과 타인을 비난하고 정죄하는 것을 말한다. 실수를 했을 때 실수로 받아들이고 배움과 성장의 기회로 활용하도록 하자.

∷ [강박적 사고 3] "좀 더 잘해봐!"라는 생각의 지배를 받는다

우울질은 성공을 많이 하지만 성취감이 없는 사람들이다. 성공한 삶을 사는 것 같으나 실패한 사람들처럼 살아간다. 좀 더 잘하려고 늘 발꿈치를 들고 높은 곳에 올라가려고 애를 쓴다. 이들은 늘 만족이 안 된다. 그래서 칭찬을 안 한다.
자녀가 90점을 받아오면 이렇게 말한다.
"어제 TV 안 보고 조금만 더 했더라면 100점 맞아 왔겠네."
아이가 더 노력해서 100점을 받아오면 이렇게 말한다.
"앞으로 계속 이렇게 하는 거야. 이번처럼 하면 되는 거야. 계속 쭉 가면 돼."라고 말한다. 하지만 명심하자.
자녀들에게 최고가 되라는 말보다는 최선을 다하라고 말해주는 것이 훨씬 더 효과적이다.

:: 1) 완벽주의 성향이 강한 부모는 어떤 상황에서 화가 날까?

(1) 자녀들이 거짓말을 할 때 화가 나요.

완벽주의 성향은 거짓말하는 사람을 참 싫어한다. 무엇을 하든지 올바른 방식으로 해야 하고 남에게 폐를 끼치면 안 된다고 생각한다. 그래서 자녀들의 작은 거짓말도 수용하지 않는다. 약간의 거짓말이라고 느껴지면 곧바로 지적하여 훈계를 하고자 한다.

부모들 가운데 자녀들의 작은 거짓말을 심각하게 생각해서 상담실을 찾아오는 분들이 많다. 아이를 잘 키워보겠다는 마음은 충분히 이해하겠지만 조금은 눈감고 넘어가는 융통성도 필요할 때가 있다. 그러나 완벽주의를 강조하는 이들에게는 있을 수 없는 일이라 할 수 있다.

사람들은 거짓말을 한다.

아이들뿐만 아니라 성숙한 인격을 가진 사람이라 할지라도 거짓말을 조금씩 하는 경향이 있다. 부모들은 자녀들이 거짓말한다고 화를 내지만 자신 또한 누군가에게 거짓말을 하고 있을지도 모른다. 심지어 자녀들에게 더 많은 거짓말을 하고 있을지도 모른다. 약속을 수없이 변경하고 어기고 있는지도 모른다.

너무 쉽게 변명하고 거짓말을 할 수 있다. 저자 또한 어릴 때 부모님께 많은 거짓말을 했었던 것 같고 지금도 태연하게 거짓말을 할 때가 많다.

자녀들은 왜 거짓말을 하게 될까?

첫 번째는 자신에게 순간적으로 오는 어떤 유익이 있어서 거짓말을 한다.
거짓말을 했는데 오는 유익이 없다면 빨리 포기할 것이다. 사람들은 어릴 때부터 선과 악을 따라 행동하지 않는다. 옳고 그름을 따라 행동하는 것이 아니라 나에게 유익한지, 아니면 그렇지 않은지에 따라 행동한다. 나에게 유익한 행동은 긍정적이든 부정적이든 행하게 된다.

두 번째는 진실하고 정직하게 말했는데 불이익을 당했다면 그다음부터는 거짓말을 할 가능성이 있다.

세 번째는 거짓말은 처벌을 받지 않기 위해서, 두려움과 불안을 모면하기 위해서, 손해를 보지 않으려고, 수치스러움이나 당황스러운 감정을 피하고자 하는 다양한 형태의 원인이 있다. 사소한 거짓말에도 심한 징벌을 가할 때 자녀는 거짓말을 선택한다.

네 번째는 부모를 실망하게 하는 것이 너무 두려워

서이다.

부모가 지나치게 완벽을 강요하거나, 높은 기대치나 윤리, 도덕을 강조한다면 아이는 부모를 실망하게 하지 않기 위해 거짓말을 하게 될 것이다. 부모의 기대치가 너무 높아 아무리 노력해도 기대하는 만큼 학업 성적을 얻거나, 사회적인 성취를 하지 못하는 아이는 자신의 능력에 문제가 있어도 부모에게 솔직하게 말하지 못하고 거짓말을 할 가능성이 커진다. 부모의 기대에 부응하기 위해서 노력하지만 잘 되지 않기 때문에 자신의 약점을 거짓말로 감추려 하게 된다.

만약 자녀들이 지속해서 거짓말을 한다면 아이의 문제라고만 생각하기 이전에 부모의 양육 태도와 자녀를 대하는 자신의 양육방식에 대한 성찰이 먼저 이루어져야 할 것이다. 아이들의 마음은 백지와 같아서 부모가 어떻게 그림을 그리느냐에 따라 아이의 미래가 그려지는 것이다.

자녀들은 탄생 이후에 스스로 자신의 인격을 만들어 가는 것이 아니다. 관계 속에서 자신을 성장시켜 나가는데 그 첫 번째 관계가 바로 '부모'이다. 부모와의 관계가 어떤지에 따라 아이들의 미래가 달라지는 것이다.

당신의 자녀들은 어떤 상황에서 거짓말을 하는가? 당신의 자녀들이 거짓말을 했을 때 당신은 어떻게 반응하는가? 우리의 어린 시절로 돌아가서 한번 생각해 보자.

당신은 성장할 때 어떤 상황에서 거짓말을 했는가? 그때 나의 부모는 어떻게 반응을 하였는가?

이제 새로운 양육 태도를 보여야 할 때

당신의 자녀들이 거짓말을 한다면 혼을 내주어 잘못을 깨닫게 하는 것도 중요하지만 먼저 부모 자신의 자녀 양육 방식을 한번 돌아보고 새로운 양육 태도를 보여야 할 때라는 사실을 포착하는 것이 중요하다. 가장 중요한 해결책은 무엇일까? 부모와 자녀 간의 인격적인 대화가 필요하며 자녀를 믿어주고 신뢰해주는 것이 중요하다.

[거짓말하는 아이, 부모의 지혜로운 대처법]

대처법 1 : 흥분은 No! 침착한 태도를 보일 것

"아니, 엄마가 다 알고 있는데 어디서 거짓말이야? 누가 그렇게 가르쳤어?" 하며 소리를 지르며 화를 내고 있는가? 엄마는 침착하게 아이의 이야기를 먼저 들어주어야 한다. 아이에게 엄마는 즉결심판을 내리는 무서운 재판관이 아니라 아이를 사랑하는 마음을 보여주고 먼저 들어주어야 한다.

대처법 2 : 훈계의 대상은 아이의 인격이 아니라 아이의 거짓말한 행동 그 자체!

"넌 도대체 어떻게 된 아이가 엄마한테 거짓말을 하니? 앞으로 어떻게 살려고 그러는 거야? 입만 열면 거짓말이니 엄마는 널 믿을 수가 없구나."
아이는 부모의 말을 듣고 들은 대로 살아갈 수 있다. 아무리 속상하더라도 아이의 인격까지 건드리지 말고, 훈계하려면 거짓말한 행동 그 자체에 대해 언급하라.

대처법 3 : 사실을 말할 수 있게 돕고 솔직하게 털어놓을 때 아이를 칭찬해주기

사실대로 말했다가 아이가 부모에게 도리어 더 혼이 나거나 부정적인 피드백을 받게 되면 다음부터는 부모에게 솔직하게 말하기 어렵다. 사소한 일부터 부모에게는 거짓 없이 대화할 수 있는 관계를 형성하라.

대처법 4 : 부모부터 먼저 정직을 보여주기

평소에 아이들에게 어떤 모습을 보여주었는지 돌아보자. 사소하다고 생각하고 아이들에게 부모의 편의 때문에 거짓말을 하게 만든 적은 없는지 살펴보자. "누가 오시면, 엄마는 집에 안계세요. 라고 말해!" 등과 같이 부모에게는 되고 아이들에게는 안 되는 불공평한 잣대는 부모의 권위를 실추시킨다. 먼저 부모부터 정직을 보여주는 삶을 살아가자.

대처법 5 : 확실한 증거가 없다면 아이의 말이 진실

이라고 믿어주기

자녀들이 거짓말을 할 때는 부모에게 주는 메시지가 있음을 알고 부모가 성장할 기회로 선용함과 동시에 아이에게 뭔가 새로운 것을 가르칠 좋은 기회라는 태도를 보여야 한다.

경북대학교 전 총장 박찬석 교수의 성적표 이야기

박찬석 교수는 중학교 1학년 때 전교에서 꼴찌를 했는데, 성적표를 1등으로 위조를 해서 아버지께 갖다 드렸다고 한다. 그 후 박찬석은 양심의 가책을 받고, 속죄하는 마음으로 열심히 공부하여 17년 후에 대학교수가 되었고, 더 나아가 대학 총장까지 되었다.

이제 우리는 그의 인생 고백을 통하여 그가 우리에게 전하고자 하는 메시지가 무엇인지를 각자 살펴보시기를 원한다.

나의 고향은 경남 산청이다. 가정형편도 안 되고 머리도 안 되는 나를 대구로 유학을 보내어 대구중학교에 입학을 시켰다. 나는 공부가 하기 싫었다. 그 결과 1학년 8반, 석차는 68/68, 꼴찌를 했다. 부끄러운 성적표를 가지고 고향에 가는 어린 마음에 그 성적을 아버지 앞에 내밀 자신이 없었다. 당신이 교육을 받지 못한 한을 자식을 통해 풀고자 했는데, 꼴찌라니…. 끼니를 제대로 잇지 못하는 소작농을 하면서도 아들을 중학교에 보낼 생각을 한 아버지를 떠올

159

리면 그냥 있을 수가 없었다. 그래서 나는 잉크로 기록된 성적표를 1/68로 고쳐 아버지께 보여드렸다.

아버지는 보통학교도 다니지 않았으므로 내가 1등으로 고친 성적표를 알아차리지 못할 것으로 생각했다. 대구로 유학한 아들이 집으로 왔으니 친지들이 몰려와 "찬석이는 공부를 잘했어요?" 하고 물었다. 아버지는, "앞으로 봐야 제. 이번에는 어쩌다 1등을 했는가배." 했다. 친지들은 "명순(아버지)이는 자식 하나는 잘 됐어. 1등을 했으면 책거리(격려의 잔치)를 해야제." 했다.

당시 우리 집은 동네에서 가장 가난한 살림이었다. 이튿날 강에서 멱을 감고 돌아오니, 아버지는 한 마리뿐인 돼지를 잡아 동네 사람들을 모아 놓고 잔치를 하고 있었다. 그 돼지는 우리 집 재산목록 1호였다. 기가 막힐 일이 벌어진 것이다. "아버지!" 하고 불렀지만, 다음 말을 할 수가 없었다. 나는 너무 부끄럽고 죄송해서 밖으로 달려 나갔다. 뒤에서 나를 부르는 아버지의 목소리가 들렸다. 겁이 난 나는 강으로 가 죽어버리고 싶은 마음에 물속에서 숨을 안 쉬고 버티기도 했고 주먹으로 내 머리를 내리치기도 했다. 충격적인 그 사건 이후 나는 달라졌다. 항상 그 일이 머리에 맴돌고 있었기 때문이다.

그로부터 17년 후 나는 대학교수가 되었다. 그리고 나의 아들이 중학교에 입학했을 때, 그러니까 내 나이 45세가 되던 어느 날, 부모님 앞에 33년 전의 일을 사고하기 위해 "아버지, 어머니 저 중학교 1학년 때 1등은요……." 하그 말을 시작하려고 하는데. 옆에서 담배를 피우시던 아버지께서 "알고 있었다. 그만해라. 민우(손자)가 듣는다."라고 하셨다.

자식의 위조한 성적을 알고도, 재산목록 1호인 돼지를 잡아 잔치를 하신 부모님 마음을, 박사이고 교수이고 대학 총장인 나는, 아직도 감히 알 수가 없다.

∷ 2) 부모의 기대치에 미치지 못하니 화가 난다.

부모라면 자녀가 잘되기를 바라는 것은 당연한 것이다. 부모는 아이의 미래에 대한 그림을 그려 주는 사람이다. 그러니 자연스럽게 기대를 하게 된다. 그러나 기대치가 너무 높아도 문제이고 너무 낮아도 문제이다. 한편 적절한 기대는 아이에게 부담을 주지 않으면서 미래에 대한 큰 꿈을 그리게 한다.

자녀를 향한 기대치의 근원을 아는 것이 중요하다.
부모의 기대치가 자신의 가슴 속에 있는 한('恨)에서 나온 것은 아닌가!
아이를 사랑하는 진심에서 나오는 것인가? 아니면 기질적인 성향에서 오는 것일까?
기대치의 근원을 아는 것이 중요하다.

부모의 기대치가 높으면 대부분 아이는 부모의 기대치를 따라 행동을 하게 된다. 성공하는 사람도 있고 실패하는 사람도 있다. 설령 성공한다 할지라도 가슴 깊은 곳에는 아픔이 있다. 기대치가 높은 부모 아래 성장한 사람들을 이렇게 표현하기도 한다. 성공 같으나 실패의 삶을 살 때가 많다. 성취는 하지만 성취감을 느끼지 못하는 사람들이다. 늘 긴장하며 살아간다. 작은 실패에도 낙심하고 자신을 비하하고 정죄한다. 기대치가 높으면 자녀를 칭찬과 인정 그리고 격려하기보다는 지적하고 훈계하고 비난을 할 경향이 강하다.

아이들은 부모의 기대치를 따라올 수는 없을 것이다. 오히려 부모가 기대치를 낮추고 아이 눈으로 바라봐주며 칭찬과 격려가 더 좋을 듯하다. 아이들의 가슴에는 사랑의 탱크가 있다. 그 사랑의 탱크가 가득 차 있을 때 자신감이 생긴다.

::3) 약속을 지키지 않으니 화가 난다.

약속이란 중요한 것이다. 약속은 반드시 지켜야 하는 것이다. 하지만 상황에 의해 변화에 조금씩 적응해나가는 유연성도 필요한 것이 사실이다. 완벽주의 부모에게 있어서 약속은 대단히 중요하다. 이들은 시간 약속을 정확하게 지키는 사람들이다. 약속을 지키지 않는 사람을 참 싫어한다. 약속을 잘 지키지 않는 사람과 함께 있으면 스트레스를 많이 받는다. 이들은 약속을 잘 지키는 사람들이다. 다른 사람들도 자신만큼 약속을 잘 지킬 것으로 생각한다. 이런 생각은 자녀에게도 적용되어 완벽주의 가까운 부모는 자녀들이 약속을 지키지 않으면 화가 난다.

7 어릴 때 내가 키우지 않은 아이에게 화가 많이 난다

어릴 때 엄마가 키우지 않고 제삼자가 양육하는 경우가 있다. 특히 할머니나 이모 또는 고모, 보모의 손에서 자라다가 초등학교 때부터 부모가 양육하는 자녀의 경우 부모는 양육의 주도권을 가지게 되었을 때 아이에게 화를 많이 내게 된다. 그 이유는 아이가 내 말을 알아들을 정도로 다 컸다고 생각하기 때문이다. 내가 한번 시킨 일을 스스로 알아서 해야 한다고 생각하는데 현실은 그렇지 않아서 화가 나는 것이다. 그나마 어릴 때는 의존성이 있어서 부모 말을 따르겠지만, 사춘기가 되면 아이는 부모에게 심하게 반항을 할 가능성도 있다. 이러한 현상이 일어나는 이유는 자녀의 정서적 욕구가 채워지지 않았는데 부모의 기대치는 높기 때문이다.

::**아이가 내 생각을 몰라주니 화가 나요!**
한 부부가 상담을 왔다.

이야기를 들어보니 초등학교 1학년에 다니는 아들에게 화가 많이 난다고 했다. 왜 화가 나느냐고 물어보니 이렇게 말했다.

"아이가 내 생각을 몰라주니 화가 나요. 다 큰 아들이 어린애 짓을 하기도 하고요."

이 아이는 초등학교 입학을 하면서 어머니가 집으로 데려온 것이다. 그동안 어머니가 직장생활을 하고 있었기 때문에 형편상 할머니, 할아버지가 키운 아이였다. 아이는 엄마의 사랑이 필요했던 것인데 엄마는 아이를 다 큰 아이로 생각하고 자신의 말을 잘 듣지 않는다고 화를 낸 것이다.

아이는 아직 정서적으로는 성장하지 않았는데 엄마는 아이를 충분히 성장했다고 생각했다. 아들은 엄마의 따뜻한 말 한마디와 관심을 끌기 위해서 한 행동이었는데 엄마는 아이가 다 컸다고 생각하니까 엄마 마음을 몰라준다고 느껴 화가 난 것이다. 그래서 나는 아이와 엄마가 충분히 대화하고 많이 안아주고 공감과 지지를 해 주라고 조언했다.

8 자존감이 낮은 부모가 화를 많이 낸다

낮은 자존감을 가진 사람들은 자신을 사랑하기가 힘들다.
자신을 사랑하지 못하고 싫어한다. 왜 자신을 싫어하는가? 바로 자신의 약점 때문이다.

:: 자신의 약점이 자녀에게서 발견될 때 화가 난다.

자녀는 부모를 닮아간다. 나의 장점을 닮아가고 내가 양육하는 대로 성장해가면 좋겠지만, 이상하게 나의 약점이나 나쁜 점을 닮아간다. 자녀는 부모의 언어를 통하여 성장하는 것이 아니라 관계를 통하여 성장해간다.

자신의 약점 부분이 자녀에게서 발견이 될 때마다 화를 낼 것이 아니라 자녀를 보면서 부모가 먼저 건강하고 성장해나가야 한다. 분노의 내적 원인 가운데 낮은 자존감 즉 열등감이 분노의 주된 원인이라고 한다. 자존감이 낮은 부모는 그 열등감 때문에 힘들게 살아왔다. 하지만 부모의 마음은 나의 자녀만큼은 그러한 약점을 갖지 않기를 바란다. 그래서 더 열심히 자녀를 사랑한다. 그럼에도 불구하고 자녀가 나와 같은 약점을 닮았을 때 화가 나기도 한다. 나에게 나는 화를 자녀에게 투사를 해서 격하게 화를 내는 경향도 보인다.

::공부하는 실력은 어떻게 아버지와 똑같은지….

나의 둘째, 아들의 이야기이다.

공부를 잘 못 하는 것 같아서 학원에 등록하러 갔다. 학원에서도 학생의 학습 수준을 알기 위해 시험을 쳤다. 영어와 수학 시험을 치르는데 아들이 이렇게 말했다.

"아빠, 나는 수학은 자신이 없는데 영어는 자신 있어요."

나중에 결과를 보니 수학은 20문제 가운데 4문제를 맞추었고 영어는 20문제 가운데 8개를 맞추었다. 한마디로 기가 막히는 상황이었다.

속으로 화가 났다. 그동안 학교 다니면서 어떻게 공부를 했기에 이 정도의 수준밖에 되지 않는가? 화는 났지만, 화를 내기보다는 나의 학창 시절을 돌이켜 생각해 보았다.

내가 치유상담을 공부한 후에 나의 어린 시절이 너

무 궁금해서 초·중·고등학교 생활기록부를 보았다. 초등학교는 미, 양, 가였다. 수와 우는 6년 동안 하나도 없었다. 중학교는 3년 동안 420명 가운데 완전 빗자루였다. 고등학교는 59명 중에 59등으로 졸업을 하였다.

공부를 못하면 현실에서 불편하고 어려운 상황이 얼마나 많이 일어나는지 나는 뼈저리게 느끼며 살았다. 꿈을 접어야 하고 미래가 막막하고 절망적일 때가 많았다.

그럼에도 불구하고 지금 나는 대학원을 두 곳이나 마쳤고, 대학교 강단에서 학생들을 지도하고, 상담실을 운영하며 잘살고 있다. 그렇다면 나의 아들도 지금 공부를 못해도 아빠처럼 날마다 자기계발을 하면서 멋있게 살아갈 것이라는 생각이 들었다.

그래서 아들에게 이렇게 말해줬다.

"아들아! 지금 공부를 못해도 넌 반드시 성공할 것이다. 난 너를 믿는다. 사람은 살아가면서 미친 열정이 나올 때가 있다. 너도 그 미친 열정을 찾기 전까지 최선을 다해 봐."라고 말했다.

대부분 부모들은 자신의 가슴에 있는 아픔을 물려주지 않기 위해 노력한다. 그래서 자녀에게 많은 것을 요구한다. 자신이 공부를 못했기 때문에 너무 힘든 인생을 살았다고 생각하는 경우 자녀에게 지나치게 공부를 강조하는 분들도 많다.

먼저 부모가 아이들을 믿어주는 것이 중요하다. 아

들이 드럼을 전공하고 싶다고 할 때 이렇게 말해주었다. "아들아! 아빠는 너의 음악성은 잘 모른다. 하지만 네가 드럼을 전공하면 반드시 성공할 것이다. 넌 표현력이 좋고 친화력이 뛰어나기 때문에 어디를 가도 환영을 받을 것이다. 음악을 전공하는 사람들은 정확성과 예민성을 갖고 있기에 너는 촉매제 역할을 할 것이다. 아빠는 너를 믿는다."

지금 아들은 드럼을 전공해서 얼마나 신바람 나는 인생을 살고 있는지 모른다.

　　　　난 아들에게 이렇게 말한다.
"아들아! 드럼을 전공했다고 해서 반드시 드럼으로 성공할 이유는 없다. 지금 열정이 생긴 드럼에 미쳐라. 그리고 나중에 또 한번 미친 열정이 찾아온다. 그곳에 또 한번 미친 열정으로 도전해라. 인생은 평생을 살면서 3권 정도 미친 열정을 갖고 도전을 하면 성공한다."라고 이야기를 해주곤 한다.

9 학대 받고 자란 부모가 화를 많이 낸다

　　　　　알코올 중독이나 학대가 있는 가정에서 성장한 사람들은 가정이라는 곳에서 따뜻함과 다정다감한 감정 표현을 받아본 적이 별로 없다. 그들의 부모들은 칭찬이나 애정표현과 같은 감정을 잘 표현하지 않는다. 마음으로 자녀를 사랑하고 자랑스러워하고 칭찬을 해주고 싶지만 직접 표현하기를 쑥스러워하고 어색해한다. 반면에 분노라는 감정은 거침없이 표현하는 경향이 있다. 이러한 가정에서 성장한 사람들은 자신이 성인이 되고 부모가 되었을 때 부모의 감정표현을 그대로 답습하는 경향이 많다.

10   화가 대물림되기 때문이다

가정마다 대물림되는 것이 있다. 예를 들면 의학적인 관점에서 볼 때 고혈압이 있는 가정에서 대부분 고혈압이 대물림된다. 혈압이나 당뇨 그리고 질병도 대물림되는 경향이 강하다. 이와 마찬가지로 정서적인 부분도 대물림되는 경향이 있다. 열등감의 정서가 자녀에게 그대로 대물림되기도 하고 이혼이 있는 가정에 이혼, 폭력이 있는 가정에 폭력이 대물림되는 경향이 있다.

자녀 양육에서도 마찬가지 양상이 나타난다. 분노와 폭력도 대물림될 가능성이 크다. 그 이유는 부모의 분노 표현 방법을 학습하기 때문이다. 분노는 전염병과 같아서 전염된다.

감정은 없어지지 않는다. 반드시 힘이 생기거나 보복

의 두려움이 없는 곳에서 터져 나오게 된다. 그래서 억압된 감정은 더 격렬하게 표현될 수 있다.

11 배우자에게 쌓인 분노

감정이 순환한다는 말은 감정이 없어지지 않는다는 것이 아니라 '움직이고 있다'는 것을 의미한다.
가정은 순환적 조직이기 때문에 감정은 서로 영향을 주고받으면서 돌고 돌게 된다. 특히 상한 감정은 없어지지 않고 억압되어 있다가 제삼자에게 나타나는 경향이 많다. 남편에게 받은 억압된 감정이나 상한 감정이 자녀에게 표현될 가능성이 크다. 또한, 자녀에게 받은 상한 감정을 배우자에게 표현할 수도 있다.

부부는 함께 살면서 스트레스를 많이 받는다. 성격적으로 잘 맞지 않아 서로 힘들 수도 있고 원망이 생길 수도 있다. 이때 해결되지 못한 감정은 자녀에게 투사되어 나올 가능성이 매우 높다. 남편과의 관계가 좋으면 모르겠지만, 관계가 그렇게 좋지 않을 때는 남편에게 쌓인 부정적인 감정을 아이에게 풀 수 있다. 특히 배우자를 닮은 아이에게 화풀이할 가능성이 크다. 남편의 모습 중 싫어하는 점이 있을 때 남편을 닮은 자녀에게 투사하는 경우가 많이 있다. 이 경우 아내는 남편에게 낼 화를 아이에게 퍼붓게 된다.

3장

인지 치료로 보는
분노
다스리기

아비들아 너희 자녀를 노엽게 하지 말지니 낙심할까 함이라

골 3:21

생각이 바뀌면 행동이 바뀌고,
행동이 바뀌면 습관이 바뀌고,
습관이 바뀌면 성격이 바뀌고,
성격이 바뀌면 운명이 바뀐다.

윌리엄 제임스

부모가 변해야 자녀가 변한다. 부모가 1% 바뀌면 자녀는 100% 바뀐다.

홍양표 교수

1 인지 행동 치료

인간은 생각하는 존재이다. 사고가 병들거나 왜곡이 되었을 때 분노라는 감정은 화의 옷을 입고 표출될 것이다. 분노라는 감정이 대인관계에서는 다양한 방어기제의 옷을 입고 자신을 인격자로 포장을 할 것이다. 하지만 가정에서는 분노라는 감정이 화로 표현될 가능성이 크다. 가정에서 분노가 생길 때 어떻게 분노를 다스려야 할지 아는 것은 매우 중요하다.

인지 치료의 핵심원리는 다음과 같다.
첫 번째는 표면적 사건이며 두 번째는 자동적인 사고이며 세 번째는 일반적 신념이요 네 번째는 핵심적 신념이다. 도표로 설명하면 다음과 같다.

〈표면적 사건 – 자동적 사고 – 일반적 신념 – 핵심적 신념〉

우리는 살아가면서 수많은 표면적 사건을 경험하게 될 것이다. 그 표면적 사건에 대한 사고와 감정과 행동의 반응은 자기만의 진리에 따라 사람마다 조금씩 다를 것이다. 표면적 사건이 생기면 자동적 사고가 발생한다. 자동적 사고 이면에는 자기만의 진리라고 할 수 있는 일반적 신념이 있으며 일반적 신념을 더 벗기게 되면 핵심 신념이 우리 인생의 주인행세를 하고 있음을 알 수 있다.

:: 1) 표면적 사건

표면적 사건은 일상생활 속에서 경험하는 모든 사건, 사고, 경험, 일등을 말한다. 큰 것부터 사소한 것까지 모든 것이 표면적 사건이다. 예를 들어 아이들이 제시간에 오지 않는 것, 형제들이 싸우는 것, 공부하지 않는 것, 배우자의 알코올 의존에 의한 갈등, 자동차 추돌사건 등 너무나 다양하다. 표면적 사건이 생기면 우리에게는 자연스럽게 자동적 사고가 발생한다.

::2) 자동적 사고

자동적 사고란 무의식적이며 몸에 배어 있는 사고이다. 표면적 사건이 생겼을 때 무의식적으로 발생하는 생각을 '자동적 사고'라고 한다. 자동적 사고가 건강한지 아니면 건강하지 않은 지? 또는 긍정적이지, 아니면 부정적인지에 따라 표면적 사건을 바라보는 시각이나 해석하는 능력, 사람을 대하는 태도는 달라진다. 자동적 사고가 긍정적이면 표면적 사건을 통해서 성장하고 배우는 자세로 접근하고 긍정적 에너지로 승화시켜나갈 수 있다. 하지만 자동적 사고가 표면적 사건을 부정적으로 보고 비난하고 비판하고 정죄하게 될 것이다.

자동적 사고가 왜곡되어 비합리적일 때는 심각한 문제를 일으키며 나의 삶에 부정적 영향력을 행사하게 된다. 비합리적인 자동적 사고를 합리적인 사고로 변화시키는 것이 인지 행동 치료의 핵심이라 할 수 있다.

::3) 왜곡된 인지

(1) 완벽주의 사고

완벽주의 사고는 모든 것이 올바르고, 작은 실수에

도 절망감을 느낀다. 그래서 실수하지 않으려고 노력을 한다. 작은 실수도 용납할 수 없다. 청결을 강조하고 자신과 타인에 대한 기대치도 높아 좀처럼 만족이 없으며 칭찬이라는 것은 있을 수가 없다. 항상 올바름을 추구하는 사람이라 할 수 있다.

'나와 같이 생각하면 세상은 참 밝을 것인데 왜 사람들은 그렇게 생각하지 않을까?'라고 생각하면서 가족 구성원을 자신처럼 완벽한 사람으로, 올바르게 살라고, 끊임없이 개조하려고 행동 하나하나에 구체적으로 지적하고 교정하려 할 것이다.

(2) 파국적 사고

파국적 사고는 일어날 수 있는 일들 가운데 가장 최악을 상상하는 사고를 말한다. 심각하지 않은 표면적 사건에 대해서도 생각하기를 최악을 상상하여 해석하고 받아들이는 사고를 말한다. 아이가 학교에서 조금 늦게 오면 혹시 길을 잃은 것은 아닐까? 납치된 것은 아닐까? 컴퓨터를 한다면 혹시 야동을 보는 것은 아닐까? 라고 일어날 수 있는 일 중에 최악을 상상에 지배를 받는 사고를 말한다.

(3) 부정적 사고

부정적 사고는 좋은 일은 운이나 우연으로 생각하고 쉽게 흘려버리고 나쁜 것에만 초점을 맞추는 것을 말하고 생각하는 사고이다. 부정적 사고는 종종 자기 연민과 연결되어 있다. 부정적 사고가 심한 사람은 자신과 타인 그리고 자신의 미래에 대하여서도 부정적이다.

부정적 사고의 이면에는 낮은 자존감이라는 상한 감정의 지배를 받고 있다고 할 수 있다. 낮은 자존감을 가진 사람들은 자신을 사랑할 수 없기에 잘된 것은 우연이나 운으로 돌리는 반면에 잘못된 것은 자신이 문제라고 생각한다. 자신에게는 좋은 점이 하나도 없다는 생각에 사로잡혀 있다.

(4) 지나친 긍정적 사고

긍정적 사고는 아주 좋은 것이다. 하지만 잘못된 것은 대부분 남 탓이고 잘된 것은 다 내가 잘해서 그렇다는 사고는 위험한 사고이다. 긍정적이고 적극적인 사고방식, 가능성 사고, 낙천주의, 자기 격려, 인간의 잠재력 개발의 사고는 자기실현을 위하여 중요한 사고이다. 하지만 겸손이 훈련되지 않고 남을 배려하지 않는 지나친 긍정적 사고는 문제를 일으킬 수 있다.

(5) 과잉 일반화의 사고

한두 번의 일로 전체를 다 매도해 버리는 일을 말한다. 한 학생이 담임선생님을 싫어하였다. 친한 친구도 담임선생님을 싫어한다. 그래서 이렇게 말한다. 우리 반 모든 학생이 담임선생님을 싫어한다고 말해 버린다. 이렇듯 과잉 일반화는 한두 번 일어난 일과 겨우 2~4명의 교사에 대한 감정을 확대하여 해석해 본질을 왜곡한다.

예를 들어 보자. 어느 날 부모 교육에 참석하여 많은 깨달음을 얻은 어머니가 집으로 돌아오면서 '정말 아이들에게 화내지 않는 좋은 엄마'가 되기로 마음먹었다고 해보자. 그런데 어느 날 아이에게 심하게 화를 내었다. 그러면서 이렇게 생각한다. "나는 오늘도 화를 냈어. 나는 좋은 엄마가 아니야. 엄마로서 도무지 자질이 없어." 이런 경우도 과잉 일반화의 사고에 해당한다.

(6) 의미의 확대와 축소의 사고

의미의 확대와 축소의 사고는 자신의 작은 실수나 잘못 등은 지나치게 확대하는 한편 성공한 것이나 잘한 것은 저평가하여 생각하는 사고를 말한다. 다르게 표현하면 부정적인 것은 확대해석하고 긍정적인 부분은 축소해서 생각하는 사고다. 예를 들면 자녀들에게 큰소리를 지르며 화를 내는 상황을 떠올려 보자. 자신이 큰소리로 한번 화를 낸 행동을 두고 '나는 정말 나쁜 엄마야.'라고 생각하는 경우가 있다. 또 아이들이 공부를 잘하거나 성격이 좋아 주변으로부터 칭찬을 받을 때 지나치게 겸손한 모습을 보이며 "아니에요. 별로 그렇지 않아요."라고 말하는 경우도 여기에 해당된다.

(7) 감정적 논리의 사고

매우 흔한 비합리적 사고 유형으로 자신의 감정에 근거한 생각을 말한다. 우리에게 있어서 감정은 대단히 중요하다. 하지만 감정을 신뢰할 수 없다. 그 이유는 감정은 쉽게 변할 수 있기 때문이며 주관적이기 때문이다. 예를 들자면 실수나 실패를 했을 때 "나는 실패자처럼 느껴진다. 그래, 나는 실패자야." 라고 생각하는 것이다.

(8) 낙인찍는 사고

제한된 지식에 근거한 사고, 자신의 경험과 관련된 사고, 상처에 근거한 사고와 깊은 관계가 있다. 자신을 스스로 낙인을 찍는 경우도 있지만, 부모가 자녀들에게 같은 방식으로 낙인을 찍곤 한다. '첫째 아이는 이렇고, 둘째 아이는 이렇다.'라고 낙인을 찍어 자녀를 양육하는 경우이다. 아이는 끊임없이 변화를 시도하고 있으며 아이 속에서 크고 작은 변화가 일어나고 있다. 그러나 부모의 눈에는 자신이 자녀에게 찍어둔 낙인 때문에 아이들의 변화를 알아차릴 수 없는 경우가 있다.

(9) 이분법적 사고와 흑백논리

양극적, 흑과 백의 논리로 사고하는 것을 말한다. '완벽하게 잘하지 못하면 나는 실패한 것이다.'와 같은 사고로서 중간지대가 없으며 극단적인 사고방식이다. 이런 사고방식은 당신이 좋거나 아니면 나쁘거나, 둘 중 하나만 가능하고 중간지대를 수용하지 않는 사고이다.

(10) 지레짐작의 사고

객관적이거나 보편적인 사고가 아니라 자신이 대충 짐작하여 평가하고 행동하는 것을 말한다. 정확한 사실 확인 없이 막연하게 자기 생각이 맞을 것으로 생각할 가능성이 크다.

(11) 과잉책임을 지려는 사고

누구나 살아가면서 실패를 한다. 그러나 그것을 인정하지 못하고 자신의 삶에서 실패한 부분을 지나치게 책임을 지려고 하는 것이다. 자기 자신을 문제의 유일한 원인이라고 생각한다.

왜곡된 사고는 건강하고 합리적인 사고로 반드시 전환되어야 한다. 왜냐하면, 인간은 생각하는 존재이기 때문이다. 생각이 어떠한가에 따라 사람의 운명이 결정되기 때문이다. 사람은 자기 생각이라는 그릇의 크기를 넘지 못한다.

윌리엄 제임스는 생각의 중요성에 대하여 다음과 같이 말하였다.
"생각이 바뀌면 행동이 바뀌고 행동이 바뀌면 습관이 바뀌고 습관이 바뀌면 성격이 바뀌고 성격이 바뀌면 운명이 바뀐다."
즉 운명을 바꾸는 힘도 첫 시작은 생각에서 출발한다는 것이다.

당신은 어떤 왜곡된 인지를 가졌는지를 생각해보자. 그리고 인지의 왜곡이 어떻게 생겨났는지 그 원인을 한 번 찾아보자. 그리고 왜곡된 인지를 논박을 통해 건강한 사고로 전환하고 사고의 변화를 가져오는 삶을 훈련해보자.

::**4) 일반적 신념**

사람은 누구나 자신만의 신념을 갖고 있다. 신념을 두고 '자기만의 진리'라고 부르기도 한다. 보편적 진리는 아니지만 자기 자신에게는 그 어떤 진리보다 강한 영향력을 행사하는 것이다. 더 넓게 보면 편견, 신념, 선입견, 고정관념을 포함한다. 대부분 사람들은 자신만의 진리를 갖고 있다. 자기만의 진리를 갖고 사람과 표면적 사건을 평가하고 분석한다. 자기만의 진리는 나와 타인 사이의 올바른 관계를 가로막는 가장 큰 걸림돌이 될 수 있다. 편견이나 선입견 그리고 신념은 메시아까지 십자가에 못 박았다.

자기만의 진리를 걷어 낼 때 우리는 편견 없이, 선입견 없이, 고정관념 없이 만날 수 있다. 자신에 대한 자기만의 진리가 있을뿐더러 또한 '자녀는 이렇게 해야 한다'는 자기만의 진리를 갖고 있어서 이것을 파악하는 것이 필요하다.
더 나아가 자기만의 진리는 다양한 면에서 찾아볼 수 있다.

- '내 배우자는 나에게 이렇게 해야 한다.'
- '내 자녀는 이렇게 성장해야 한다.'
- '좋은 부모는 다음과 같다.'
- '남자는 강해야 한다.'
- '여자는 얌전해야 한다.'
- '은혜로운 목사는 이런 목사라야 한다.'

● '사모다운 사모는 이런 사모라야 한다.'

이처럼 타인, 결혼, 자녀양육, 성직자, 정치 등에 자기만의 진리를 두고 상황들을 바라보고 판단한다.

우리는 이제 자기만의 진리를 확인해보고 자기만의 진리를 건강하게 만드는 노력이 필요하다. 자기만의 진리를 걷어내고 보편적인 진리로 삶을 살아갈 때 사회는 밝아질 것이며 너를 올바르게 볼 수 있고 나를 올바르게 볼 수 있다.

::5) 핵심 신념

핵심 신념은 인간의 내면 가장 깊은 곳에 있는 것으로 무의식적이며 자동적인 것이며 자기만의 진리를 결정하는 것이라 할 수 있다. 핵심 신념에는 동조적 신념, 강박적 신념, 통제적 신념이 있다.

동조적 신념

동조적 신념은 주변 사람들로부터 사랑을 얻기 위해 사람들의 칭찬과 인정을 받으려고 애쓰는 사람들에게서 나타난다. 타인의 감정을 먼저 생각하고, 타인의 감정과 평가에 민감한 사람들이다. 사랑을 받기 위해서 자신의 주장을 하지 못하고 다른 사람을 먼저 배려하고 희생하는 모습을 보인다.

강박적 신념

강박적 신념을 지닌 사람들은 일의 수행 능력에 따라 사랑과 인정을 받는다는 신념을 갖고 있다. 모든 일을 완벽하게 해야 한다는 신념도 가지고 있다. 자신이 존재 가치가 있으려면 행위를 어떻게 하는지, 그 행위에 대해 중요한 타인은 어떻게 평가하는지에 따라 결정된다고 생각한다. 완벽하게 해내지 못하면 실패자라는 생각을 하는 것이다.

설사 내가 어떤 일을 멋지게 해냈다고 하더라도 나의 상사가 좋은 평가를 하지 않으면 나는 실패자라고 생각한다. 또 반대로 다른 사람들이 다 잘했다고 말하지만 스스로 마음에 들지 않는 면이 있었거나 실수를 했을 때 잘해냈다고 생각하지 않는다.

사랑받고 인정받을 수 있으려면 일을 멋지게 수행해야 한다는 신념에 사로잡혀 있으므로 이들은 일을 정말 잘하고, 완벽하게, 그리고 끊임없이 일을 한다. 책임감이 강하고 모든 일에 성실하며 시간도 잘 지키고 업무 실적이 뛰어난 사람들이라 실제로 성공도 많이 한다. 그러나 성취감을 느끼지 못하고 작은 실수를 용납하지 못하고 스스로 절망에 빠지는 경우가 많다. '아, 그 프로젝트에서 내가 이렇게 했다면 더 잘할 수 있었는데…. 왜 그걸 실수해서 일을 망쳐 버린 거지?'라고 생각하며 자신을 몰아붙인다. 이런 생각이 심하면 강박적 사고와 강박적 행동으로 이어질 수 있다.

통제적 신념

통제적 신념은 자신의 삶을 완벽하게 통제를 해야 하며 더 나아가 타인도 내가 통제를 해야 한다는 것이다. 자신의 통제력을 발휘할 수 있는 곳이라면 성실한 지도자가 될 수 있지만, 통제력을 잃게 되면 충동적이며 순간적으로 분노를 표출할 수 있으며 남 탓을 많이 할 수 있다.

::6) 분노를 다스리려면 일반적 신념을 변화시켜라

사고를 바꾸는 과정을 통해 분노를 다스리는 방법은 핵심 신념을 바꾸는 것이 아니다. 핵심신념은 잘 바뀌지 않기 때문이다. 자기만의 진리인 일반적 신념을 변화시키는 것이다. 일반적 신념은 자기만의 진리이기 때문에 견고하며 쉽게 깨어지지 않는다. 이 틀이 깨어져야 우리는 합리적이고 객관적이며 보편적인 사고를 할 수 있다.

자기만의 진리인 일반적 신념의 틀을 깨기 위해서 표면적 사건이 생길 때 자동적 사고를 변화시키는 삶을 구체적으로 실천을 해야 한다. 표면적 사건이 생겼을 때 비합리적인 사고에서 발생하는 상한 감정이나 자기만의 진리를 합리적인 사고로 논박하여 긍정적이고 창조적이며 합리적으로 표현하는 능력을 기르는 것이 중요하다.

2. 인지 행동적 분노 다스리기 실제

∷ 1) 분노는 당신의 선택이다

분노는 감정이지만 어떻게 보면 의지will라 할 수 있다. 분노는 의지를 가지고 건강하게 해소하지 못하면 분개와 적개심, 한으로 변한다. 더 나아가 공격적인 행동을 하게 될 수도 있으며 그 힘이 내면으로 향하게 되면 우울증의 원인이 되기도 한다.

삶은 선택의 연속이다. 가벼운 것부터 중요한 것, 결혼, 만남, 미래, 먹는 것, 입는 것, 가는 곳 등 일상의 모든 것이 선택의 연속이다. 한편 분노는 감정이지만 마찬가지로 볼 수 있다. 화를 낼지, 말지는 내가 선택할 수 있다. 다시 한 번 말하지만, 분노는 당신의 선택이다.

분노의 선택은 크게 두 가지가 있다.

반사적 분노

반사적이란 말은 어떤 자극에 의식적으로 선택을 하는 것이 아니라. "자동으로, 본능적으로, 의지와 관계없이 무의식"적으로 행동하는 것이다. 무시를 당하거나 가치관이 손상을 당하게 되면 나도 모르게 화가 치밀어 오른다. 치밀어 오르는 분노의 감정을 그냥 표현해버리는 것을 말한다. 반사적 분노는 충동적이며 즉흥적으로 순간적이며 찰나적이라 할 수 있다.

반응적 분노

반응은 어떤 자극에 대하여 의지적이고 선택적이며 의도적 응답이다. 내가 어떻게 행동하기로 하는 것이다. 반응적 분노는 내가 선택하는 것이다. 분노는 무시를 당하거나. 두려움과 좌절 그리고 수치심을 느낄 때 나타나는 자연스러운 감정이다. 고의든 아니든 누군가가 우리에게 잘못을 저질렀을 때, 나의 가치성이나 존재감이 무시당할 때, 상처를 입었을 때 분노는 가장 먼저 강하게 나타나는 감정이다.

우리가 분노의 반응을 할 때 그것은 우리 내면에 어떤 일이 일어나고 있는지 자세히 살펴보도록 도와준다. 화가 날 때 반사적인 반응으로 감정에 지배를 받아 무의식적으로 표현할 것인가? 아니면 반응적으로 의지와 의식을 갖고 선택할 것인가? 이것은 우리의 몫이라 할 수 있다.

어떤 표면적 사건을 경험했을 때 당신의 자동적 사고는 무엇인가?

분노가 나면 화를 낼 것인지 선택하는 것은 당신의 몫이다.

반사적으로 분노를 선택하여 화를 내든지, 아니면 의지를 갖고 반응적이며 가장 합리적인 방법으로 분노를 표현하기로 선택하든지 당신이 선택하라.

:: 2) 화 날 일인가? 화낼 만한 일인가?

현대 사회를 분노에 중독된 사회에 비유하기도 한다. 자판기에 동전을 넣어서 커피 한잔을 눌렀는데 빨리 나오지 않으면 화가 난다. 공중전화를 하는데 전화통이 동전을 삼켜버리건 화가 난다. 뉴스에서 국회의원들의 회의장면을 보다가 열 받는 사람이 있는가 하면 운전을 하다가 화를 내는 사람도 있다.

살다 보면 화날 일은 너무나 많다. 그러나 화낼만한 일은 그렇게 많지 않다. 화가 날 때마다 '이것이 화 날 일인가, 화낼만한 일인가'를 생각하고 선택하는 능력을 기르자.

화가 날 때마다 눈앞에 펼쳐진 상황들을 놓고 질문을 던져보자.

이 일이 화날 일인가, 화낼만한 일인가?

화 날 일에 화를 다 내게 되면 우리는 분명 분노에 중독되고 말 것이다.

분노는 선택이다. 화가 난다 해서 다 낼 수는 없다. 당신이 이제 할 일은 선택하는 일이다.
'그래서 이 일이 화날 일인가? 화낼만한 일인가?'를 선택하라.

가정에서 일어날 수 있는 예를 들어보자.
아빠가 퇴근하고 너무 피곤해서 바로 소파에 누웠다. 안경을 벗어 곁에 살짝 내려놓고 잠을 청하고 있다. 그런데 그때 아이가 그곳을 지나가다가 안경을 밟아 깨뜨려버렸다.

이번에는 운전하는 상황을 예로 들어보자.
당신은 운전을 하고 있다. 정지 신호를 받고 기다리고 있는데 순간적으로 뒤에서 경적 소리가 크게 울렸다. 당신이 신호가 바뀌었는데도 신호를 보지 못하고 멈춰 서 있었기 때문이었다.

또 이런 예도 있다.
초등학교 4학년 아이가 엄마가 퇴근하고 돌아와 가사 일을 하는 것을 보고 엄마를 도와주어야 하겠다는 마음이 생겼다. 그래서 엄마 곁에 와서 설거지를 도와주었다. 그런데 실수로 그릇을 깨뜨리고 말았다.

위와 같은 세 가지 경우는 어떤가?
이것은 화 날 일인가? 아니면 화낼만한 일인가?
모두 화가 날만 한 일은 맞는데 화낼만한 일은 아닌 것 같다.

첫 번째는 아이가 다치지 않았는지를 먼저 살펴야 할 만한 상황이다.
두 번째는 뒤차 운전자에게 오히려 고마워해야 할 일이며
세 번째는 아이의 엄마를 향한 마음을 읽어주고, 다치지 않았는지 확인해야 한다.
위의 세 가지는 화낼 만한 일이 아니다. 그런데 우리는 오히려 상대를 이해하고 수용하고 격려하고 공감해줘야 할 순간에 화를 내고 있을 때가 많다.

이제 화가 날 수 있는 표면적 사건이 생길 때마다 나의 자동적 사고를 한번 살펴보자.
이 일이 정말 화날 일인가, 아니면 화낼만한 일인가? 만약에 화낼 만한 일이라면 화를 내라. 화낼 만한 일인데 화를 못 내면 마음에 병이 생긴다. 화를 낼 때는 I-message를 사용하라.

I-message VS You-message

중요한 기법 한 가지만 더 기억하자. You-message(너-전달법)보다는 I-message(나 전달법)를 사용하여 화를 표현하라. 당신이 하루 동안 You-message(너-전달법)를 쓰면서 아이들에게 화를 낼 때 하는 말들을 기록해보자.

I-message란 자신의 의사 표현이나 느낌을 솔직하게 말하는 것이다. 중요한 것은 나는 이렇게 느꼈고 이렇게 생각했

다는 것이다. I-message(나 – 전달법)는 상대방을 비난하지 않고 문제가 되는 행동과 결과를 구체적이고 객관적으로 표현하는 것이다.

> **[나-전달법 연습하기]**
>
> - 상황 : 학교를 마친 아이가 집으로 돌아올 시간이 되어도 오지 않고 있다. 아이가 평소보다 30분이나 늦게 집에 도착했다.
> - 너-전달법 : "왜 이렇게 늦었어? 연락도 안 하고, 핸드폰은 폼으로 갖고 다니라고 사준 줄 알아?"
> - 나-전달법의 대화 : "왜 이렇게 늦었어, 평소보다 30분이나 늦게 와서 엄마는 네게 무슨 일이 생긴 건 아닐까 얼마나 걱정했다고."
>
> 나-전달법으로 말하는 엄마에게 아이는 어떻게 대답하겠는가? 아이는 엄마에게 "미안해요."라는 말을 하게 되어있다.

나는 당신에게 용돈을 받아 쓸려니 미물처럼 느껴져요

어머니 한 분이 상담실로 찾아왔다.
"마음이 너무 우울하고 힘들고 지치네요. 이제 아이들은 조금 컸다고 엄마인 제 말을 들어주지도 않네요. 남자아이들이라 자기 아버지를 이해한다고 하고, 저를 무시하는데 도무지 살맛이 나지 않아요."라고 하는 것이었다.

"그러면 남편의 어떤 부분이 바뀌면 살맛이 조금 날 것 같습니까?"라고 물었다.
그분은 이렇게 대답을 했다.
"가정의 경제권을 제가 가질 수만 있다면 살맛이 날 것 같습니다. 두 아이 키우면서 늘 남편에게 월급을 받아쓰고 필요할 때마다 용돈을 받아서 쓰니 너무 자존심이 상합니다. 경제권을 달라고 요구를 해보기도 했어요. 그런데 씨알도 먹히지 않아요. 오히려 저에게 화를 낼 때도 잦아요. 그렇게 20년을 살아왔네요. 이제는 사는 것이 너무너무 힘들어요."

"아이들을 위해 월급 외에 용돈을 받아 쓸 때 기분 어땠습니까?"라고 물었더니 이렇게 대답했다.
"용돈을 받아 쓸 때마다 비참하지요. 미물처럼 느껴지지요. 나는 도대체 왜 여기 있을까? 그런 제 모습을 보고 있으면 한심하기도 해요."
나는 이렇게 조언했다.
"you-메시지(너-전달법)를 쓰면 남편은 더욱더 방어적이 되고 공격적이 되니까 I-메시지를 사용하세요. 이렇게 말씀해 보시는 겁니다."

"여보! 당신이 우리 가정을 사랑하고 헌신하는 마음을 존경합니다. 그런데 필요할 때마다 당신에게 용돈 달라고 하면 잘 주시지만 그때 내 마음은 비참할 때가 많아요. 내가 미물처럼 느껴지기도 해요. 나 자신이 한심하고 정말 못나 보여서 내가 너무 싫어요."

이분은 내가 알려드린 대로 집에 가서 남편에게 나-전달법으로 이야기했더니 기적이 일어났다. 남편은 아내의 이야기를 듣고 이렇게 대답했다.
"당신이 그렇게 힘들었구나. 미안해요. 내가 당신 마음을 너무 몰랐네. 이제 모든 통장을 당신에게 줄 테니 당신이 관리해요. 두 아이 잘 키워주어서 매우 고마워요."

이렇게 나-전달법은 상대방에게 나의 감정 상태를 전달하면서도 상대방을 공격하지 않고 효과적으로 대화할 수 있다.

아빠가 얼마나 걱정했는지 아니?

딸아이가 고등학교 3학년 때였다.
평소 아이가 야간 자율학습을 마치고 집에 도착하는 시간이 11시 30분쯤 된다. 그 날은 12시가 되어도 아이는 집에 오지 않았다. 조금 있으면 오겠지 생각하며 기다렸는데 1시 30분이 넘어가는데도 오질 않았다. 늦으면 늦는다고 연락이라도 할 텐데 왜 오지 않을까 생각하니 슬슬 불안해지기 시작했다. 나의 마음에는 온갖 생각이 다 들었다.

'혹시 오다가 납치당하지는 않았을까? 교통사고가 난 걸까?'
일어날 수 있는 일들 가운데 안 좋은 생각들만 나의 머리에 맴돈다. 애가 타서 급기야 아파트 정문에 나와서 아이를 기다렸다.

새벽 2시쯤 되어서 아이가 도착을 했다. 연락도 없이 늦게 온 딸을 보면서 못마땅해 머릿속에 떠오르는 자동적 사고들을 일단 접어두고 아이에게 이렇게 말을 했다.

"왜 이렇게 늦었어? 연락도 없이 늦으니까 엄마와 아빠가 걱정했잖아."

"아빠, 미안해. 지금까지 내가 제일 먼저 내렸는데 오늘은 멀리 있는 친구부터 내려주기로 해서 이렇게 늦었어."라고 아이가 말했다.

"그럼, 연락이라도 하지 왜 안 했어? 정말 불안하고 걱정이 많이 되더라."라고 하니 아이는 "아빠, 오늘따라 휴대폰 배터리가 다 닳아버려서 연락을 못 했어요. 미안해요, 아빠! 다음부터 꼭 연락할게요."라고 말했다. 놀란 가슴을 쓸어내리며 딸의 손을 꼭 잡고 이런 대화를 나누며 집으로 돌아왔다.

::3) "나는 화가 났다."라고 말을 하라

화낼만한 일이라면 화를 내야 한다. 분노를 표현하는 것은 기술이며 자신의 인격을 드러낸다. 그렇다면 어떻게 분노를 표현할 것인가?

화가 날 때 '당신 때문에 화가 난다. 당신이 나를 화나게 했다.'라고 말하지 말라.
간단히 말해 더는 '누구 때문에 화가 난다.'라고 말해선 안 된다.

- 자녀들이 나를 화나게 했다.
- 부모가 나를 화나게 했다.
- 남편이 나를 화나게 했다.

위와 같은 말은 남을 탓하는 것이다. 화를 내는 나에게 면죄부를 주는 것이다. 이것은 분노 중독으로 가는 지름길이다.
이제 이렇게 말을 하면서 내 분노를 표현해보자.

- 나는 아이에게 화가 났다.
- 나는 배우자에게 화가 났다.
- 나는 부모에게 화가 났다.

상대방의 어떤 행동에 대하여 나는 화가 났다. 즉 이

말은 화를 내는 것도 내가 선택하는 것이고 화를 내지 않는 것도 내가 선택하는 것이라는 의미다. 분노의 책임은 나에게 있는 것이다. 상대방의 어떤 행동으로 인해 나는 화가 났다. 결국, 선택한 나의 책임인 것이다.

나는 아버지에게 화가 났다

2005년 아버지는 심한 천식으로 인한 호흡 곤란으로 병원에 입원하게 되었다. 병원에 입원해 계시는 아버지 간병을 하면서 나도 모르게 화가 치밀어 오르는 것을 느꼈다. 아버지 때문에 우리 집이 힘들었고 아버지 때문에 어머니도 힘들었으며 어머니에게 일찍 병이 찾아온 것도 아버지 때문에 고생을 많이 하셔서 그렇다고 생각했다. 그래서 아버지가 무척 싫었다. 의무적으로 찾아뵙기는 하는데 늘 마음은 힘들었다. 이 모든 게 아버지 때문에 힘들어졌다고 생각했기 때문이다.

필자는 2005년 3월에 찰스 셀이 쓴 책『아직도 아물지 않는 마음의 상처』라는 책을 읽는 중에 눈에 확 들어오는 글귀가 있었다.
"누구 때문에 화가 났다고 말하지 말라. 그러면 모든 책임을 남에 돌리는 것이다. 이렇게 생각하라. '나는 당신에게 화가 났다.' 화를 내고 안내고는 당신이 선택을 해야 하고 당신의 몫이라고 했다."
난 순간적으로 누군가에게 화가 나는 것이 상대방의 행동 때문이 아니라 내가 선택할 수 있음에 대하여 충격을 받았다. 화를 내든지 아니면 참고 살든지, 이 모든 책임이 나에게 있다는 사실에 놀랐다.

필자는 새로운 선택을 하기로 했다.
나는 '아버지 때문에 화가 났다.'는 생각을 '나는 아버지에게 화가 났다.'라고 생각을 바꾸었다. 나는 아버지에게 화가 나기 때문에 화를 내든지 아니면 참고 살든지, 선택하는 결정권을 내가 가지기로 했다. 내가 만약 20세 이전이라면 부모를 원망할 수 있고 환경을 탓할 수도 있겠지만 이미 성인이 되었다. 성인이 되었다는 것은 내가 스스로 감정을 책임질 존재가 된 것이다.

이렇게 마음을 먹고 나니 아버지를 향한 내 마음이 달라졌다.
마음을 바로잡고 병원에 계시는 아버지를 찾아가서 이렇게 말했다.
"아버지, 못난 아들을 용서해주세요. 전 아버지에게 늘 화가 나 있었어요. 아버지 때문에 엄마가 힘들게 살았다고 생각했어요. 아버지가 우리 집을 불행하게 만드는 원인이었다고 생각했어요. 그래서 아버지가 빨리 돌아가셨으면 좋겠다고 생각했어요. 이 못난 아들을 용서해 주세요."
그때 아버지는 고개를 흔들며 나의 손을 꼭 잡아주시며 이렇게 말했다.
"아들아, 네 잘못이 아니란다. 이 아비가 미안하다."라고 말씀해

주셨다.

고개를 들어 아버지를 뵈니 아버지의 눈에서 눈물이 흐르고 있었다. 그렁그렁 맺힌 내 눈에서도 주르르 눈물이 흘러내렸다. 이 일이 있었던 후에 아버지와 나는 급속도로 편안한 관계가 되었고 내 마음의 무거운 짐을 한꺼번에 내려놓은 것 같은 기분이었다.

이 글을 읽는 독자들에게 간곡히 부탁한다.
누구 때문에 화가 났다고 말하지 말라.
이제 이렇게 말하라.
나는 누구에게 화가 났다고 해라. 표현할 때는 I-message로 하라.

이제 당신의 남은 선택은 화를 내든지, 아니면 인내하든지! 그것은 자신의 책임이다.

:: 4) 타임아웃을 통한 인지적 접근

사전에서는 타임아웃을 이렇게 정의하고 있다. "스포츠에서 경기를 일시 중지하고 그동안 전략 회의, 수분 공급, 치료, 교체 등을 하게 되는 시간이다. 축구, 농구, 배구 따위에서 선수의 교체, 휴식, 작전 지시를 하기 위해 심판의 허락을 얻어 경기의 진행을 잠시 중지시키는 일이다."

우리도 타임아웃을 화가 날 때 다음과 같이 적용해 보자.
분노가 날 때 타임아웃을 선언해 보자. 잠시 쉬면서 화날 일인가? 화낼만한 일인가를 생각하는 '잠시 멈춤' 시간을 갖는 것이 중요하다. 특히 가정에서는 거침없이 분노가 표현될 수 있기에 타임아웃의 시간을 갖기보다는 자동으로 감정 반사 행동을 하게 된다. 가정에서 화가 날 때 타임아웃의 시간을 갖는다는 것은 성숙한 사람이 할 수 있다.

:: 아들아, 아빠가 지금 말을 하면 화가 날 수 있으니까 우리 내일 이야기하자

2004년 6월경이었다.
늦게 새로운 사명을 갖고 상담심리 대학원에 다니며 공부를 하였다. 서울에서 수업을 마친 후에 피곤한 몸으로 집에 도착했다. 집에 도착한 후에 배운 것을 정리하기 위해 컴퓨터를 켰다. 그런데 컴퓨터가 켜지지 않았다.

그 순간 나는 무척 당황했다.

컴퓨터는 다시 고치면 되는데 문제는 그동안 모은 자료들이다. '컴퓨터 안에 저장된 수많은 자료는 어떻게 하나! 설교한 내용과 상담에 대한 수많은 자료, 특히 치유상담에 대한 전문적인 자료들을 어떻게 하지?'라는 생각에 마음이 조급해지기 시작했다. 그때만 해도 난 백업을 해두지 않고 있을 때였다. 중요한 자료들이 날아갔다는 생각에 화가 나기 시작했다.

그때 마침 태권도 도장에서 운동을 마치고 아들이 집으로 들어왔다. 아들이 내게 와서 이렇게 말했다.

"아빠, 나 오늘 컴퓨터 안 했어요. 하려고 컴퓨터를 켰는데 잘 안 켜져서 못했어요."

난 순간적으로 "그럼, 그렇지. 네가 만졌기 때문에 컴퓨터가 고장이 난 것이야!"라고 생각하며 화가 났다. 그동안 차곡차곡 모아둔 중요한 자료들을 생각하니 화가 많이 났다.

화를 꾹 참고 있는데 아이는 불안했는지 다시 와서 이렇게 말했다.

"아빠, 내가 안 그랬어요. 내가 처음에 켰을 때부터 안 켜졌어요. 진짜예요."

아이가 말을 안 하면 참을 수 있을 것 같은데 감정을 삭이려는데 곁에 와서 또 같은 말을 하는 것이었다. 갑자기 나의 내면에서 욱하면서 화가 치밀어 올랐다. 화를 표현하려고 하는 순간에 화에 대하여 배운 것이 생각이 났다.

잠시 멈추고 이 사건이 화 날 일인가, 화낼만한 일인가를 깊이 생각을 해보았다. 아무리 생각을 해봐도 화가 날 일은 맞는데 화낼

만한 일은 아니었다. 그런데 화가 치밀어 올랐다. 머리로서는 화를 낼 만한 일은 아니었는데 마음에서는 부글부글 화가 올라오고 있었다.

난 심호흡을 하면서 치유상담에서 배운 대로 생각을 해보았다.
타임아웃을 선언하며 의지적으로 분노를 관리하기로 했다.
표면적 사건이 일어날 때 자동으로 발생하는 사고를 내 의지를 갖고 선택을 해보기로 했다.

그래서 아들에게 이렇게 말했다.
"아들아! 지금 말을 하면 아빠가 화를 낼 수도 있으니까 내일 이야기하자."
아들이 말을 하지 않고 조용히 있으면 나의 마음도 정리가 되는데 자꾸 말을 하니까 짜증이 나고 화가 치밀어 올랐다.

난 다시 한 번 생각을 했다. 내 결론은 화낼만한 일은 아니고 내일 빠른 시간 내에 전문가를 불러서 왜 고장이 났는지 확인하고 백업을 받아 놓지 않았던 수많은 자료를 복구할 수 있는지를 알아봐야 할 일이라는 것을 깨닫게 되었다.

아들에게 이렇게 말했다.
"아들아, 너의 마음은 알겠는데 지금은 조용하게 지나가자. 그리고 내일 이야기하자." 하고 부드럽게 말을 했다.
다음날 전문가를 불러서 점검했다. 전문가는 이렇게 말했다. '목사님, 컴퓨터가 고장이 날 때가 되었네요. 때가 되어서 고장이 난 것입니다. 사양도 낮고 하니까 이번에 좋은 것으로 하나 구매하시지요. 자료는 복구하기 어려울 것 같습니다. 백업되어 있지 않으면 힘들어요."라고 했다. 그래서 난 새로운 컴퓨터를 구입하였다.

오후가 되니 학교 수업을 마치고 아들이 왔다.
난 아들에게 이렇게 말했다.
"아들아! 아빠가 오늘 컴퓨터 전문가를 만나서 수리를 해보려고 했는데 고장 날 때가 되어서 고장 났다고 하더구나. 그리고 오늘 아빠가 새로운 컴퓨터를 구매했단다. 어제 아빠가 너에게 화를 내었다면 큰 실수를 할 뻔했구나."
그때 아들은 내 어깨를 치면서 "아빠, 정말 잘했어요. 전에도 컴퓨터가 느려서 짜증이 났는데 새로운 것 사줘서 고마워요. 그리고 아빠가 화를 내지 않아서 고마워요. 난 사실 아빠가 무서웠어요. 화를 낼까 봐 잠을 잘 못 잤어요."라고 했다.

::5) 아이들에게 화가 난 수준을 알려라

대부분 부모들은 아이들의 어떤 행동에 순간적으로 버럭 화를 내는 경향이 있다. 때로는 일관성 없이 화를 내는 경우도 있다. 이런 순간에 아이들은 무척 당황해할 것이다. 그러므로 아이들에게 내가 지금 화가 났다는 것을 알려주라.

- 지금 아빠가 화가 나려고 한다.
- 화가 지금 가슴까지 올라오고 있다.
- 화가 지금 목까지 올라왔다.
- 화가 머리까지 올라오면 폭발한다.
- 혼을 내야겠네. 그러나 더 험한 말이 나오기 전에 정리를 해라.

이렇게 말하라. 즉 화가 나서 밖으로 표현하기 전에 자신이 어느 정도 화가 났는지 그 수준을 알려 주는 것이 중요하다.

나도 우리 아이들에게 화가 날 때가 많이 있다. 특히 아이가 어릴 때 TV를 오래 보거나 컴퓨터를 많이 할 때 화가 났다. 하지만 이 원리를 알고부터는 아이들에게 이렇게 말했다.

아빠 컴퓨터는 몇 시까지 할 거니?
아들 8시까지 할게요.
아빠 그러면 8시가 되면 네가 스스로 꺼야 해. 스스로 조절할 수 있어야 해.

그러나 아이는 8시가 넘어서도 여전히 게임을 하고 있었다. 화가 났다. 이때 나는 아들이 나를 화나게 했다는 것이 아니라 나는 아들에게 화가 났다. 그러나 화를 내기보다는 이렇게 말했다.

아빠 아빠는 네가 한 약속을 안 지키니까 화가 나려고 하는데 아빠가 화를 내어도 되겠지?
아들 아빠, 조금만 더 하면 안 돼요?
아빠 네가 조금 더 하면 아빠는 화를 낼 것 같은데 어떻게 하면 좋겠니?
아들 네, 알겠어요. 그만할게요.

아이는 컴퓨터를 끄고 자기 방으로 들어가 내일을 준비하였다.

:: 6) 자녀가 화를 낼 때 감사하라

자녀가 성장하면서 분노와 짜증이 나는 것은 자연스러운 현상이다. 자녀들이 사춘기가 되면서 분노와 짜증을 내는 것은 '성장통'이라 할 수 있다. 어떻게 보면 인간이 가진 자아실현의 욕구가 분노와 짜증으로 표현된다고 할 수 있다. 사춘기가 되면 여러 환경적 요인, 심리적 요인, 생물학적 요인에 의해 스트레스를 받게 된다. 스트레스는 분노와 짜증으로 표현이 되는데 이들이 분노와 짜증을 표현할 수 있는 곳은 가정이다. 학교에서 선생님이나 친구들에게 표현하는 사람도 있지만 대부분 참고 억압한다. 그러나 가정에 들어오게 되면 내면에 억압된 감정이 거침없이 표현된다. 이렇게 거침없이 표현되는 이유는 부모가 화를 내는 이유와 같은 맥락이다. 즉 애정이 확인된 곳이고, 보복의 두려움이 없는 곳이고, 내가 무슨 행동을 해도 부모는 내 마음을 알아줄 것이라는 생각 때문이다.

:: 자녀들이 화를 낼 때 어떻게 대처를 해야 하는가?

첫 번째 대처법
자녀에게 문제가 생겼을 때 적극적 경청을 하라

예를 들어 아들이 학교에서 담임선생님으로부터 부당한 대우를 받아 선생님의 이름을 부르면서 욕을 하고 화를 심하게 내는 상황이라면 어떻게 할 것인가? 이때는 부모는 자녀의 이야기에 적극적 경청을 해야 한다. 윤리나 도덕적으로 훈계를 하지 말고 아들의 화난 마음을 공감하면서 들어주도록 한다. 그러면 아이의 마음에 있는 분노가 빠져나갈 것이고 한결 마음이 편해진다. 그러면서 선생님께 미안한 마음이 생기게 될 것이다. 자신의 화난 감정을 공감하며 들어준 부모를 영원히 잊지 못할 것이다.

내가 문제를 가지고 있을 때는 I-message를 사용하여 표현을 하고, 만약 자녀에게 문제가 생겼을 때는 적극적 경청을 하여 부정적 감정을 정화해주는 것이 좋다.

두 번째 대처법

부모가 변해야 할 시기라 여기고 양육 태도를 바꾸어야 한다

자녀가 어릴 때는 지시, 명령, 통제, 간섭, 배려를 통해 부모 중심적으로 사랑을 주었다. 한편 아이가 사춘기가 되면 엄마의 이런 사랑을 간섭으로 받아들이고 짜증을 내고 반항을 하게 된다. 어릴 때는 부모가 인사이드에서 모든 것을 선택하고 결정하고 사랑을 주었지만, 사춘기가 되면 아웃사이드로 약간 뒤로 물러나서, 기다려주고 신뢰하고 믿어주고 선택과 결정권을 주어야 한다.

아이를 당장 믿을 수 없고 불안하고 염려가 될 수도 있겠지만, 부모가 가장 먼저 해야 할 일은 믿어주는 것이다. 사춘기 자녀들은 선택과 결정을 통하여 자아정체성을 확립해 나간다. 즉 자아정체성은 선택과 결정의 산물이다. 그러므로 자녀에게 선택과 결정권을 주는 것은 부모가 사춘기 자녀들에게 줄 수 있는 가장 큰 선물이다.

예수님의 어머니 마리아를 통하여 자녀 양육에 대한 지혜를 배우자. 유대인은 해마다 유월절이 되면 예루살렘 성전에 올라가서 예배를 드렸다. 예수님이 11살 때까지는 아무 이상 없이 부모와 동행을 했지만 12살 때에는 이상한 일이 생겼다. 그렇게 순종적이던 예수님이 부모를 따르지 않고 독자적인 행동을 했다. 독자적인 행동을 했을 때 어머니 마리아는 당황했다. 그리고 마리아는 아들을 만나 왜 그렇게 했느냐고 질문했을 때 예수님은 "내가 내 아버지 집에 있어야 하는 것을 몰랐습니까?"라고 대답했다. 이때 어머니 마리아는 예수님의 말을 마음에 새겼더라고 했다. 즉 아들의 삶에 어떤 변화가 일어나고 있음을 알아차리고 그 변화에 어머니가 변화를 시도했다는 것이다.

자녀들은 하나님의 선물이다.
하나님의 선물이란 말은 다음과 같은 의미가 있다. 첫 번째는 생명 자체가 하나님의 선물이라는 의미요, 두 번째는 중년의 부모에게 성장하라고 주신 하나님의 선물이라는 의미다. 특히 자녀의 사춘기는 중년의 여성에게 성장하라고 주시는 하나님의 특별한 선물이다. 자녀들과 충돌이 일어나거나 자녀들이 화를 내고 짜증을 내고 부모에게 버릇없이 대들 때 자녀들에게 어떤 변화가 왔음을 깨달아야 한다. 바로 이때가 부모가 배우고 성장하는 기회로 삼아야 함을 알고 하나님의 선물로 여겨 감사히 받아야 한다. 이 기회를 놓치면 부모는 너무나 많은 것을 잃어버리게 된다.

세 번째 대처법
사랑의 변화가 일어나고 있음을 알아야 한다

아동기까지는 부모는 주는 사랑, 자녀는 요구하는 사랑을 한다. 이때는 자녀들이 요구하거나 요구하지 않아도 부모가 주도권을 갖고 자녀에게 필요한 것을 주면 된다. 그리고 자녀들도 필요한 것을 요구하면 된다. 그러나 사춘기가 되면 상황이 달라진다. 부모가 일방적으로 주는 사랑과 자녀의 요구하는 사랑 사이에 갈등이 생겨난다. 자녀는 부모가 주는 것을 썩 좋아하지 않을 수도 있다. 사춘기 아이도 더는 부모에게 이전과 같은 사랑을 요구하지 않을 수도 있다. 이제는 새로운 사랑이 필요한 시기이다.

사춘기는 자녀들에게 일방적으로 주기보다는 선택과 결정권을 주어야 할 때다. 그리고 자녀의 선택과 결정이 부모가 내린 결정과 다르다면 어떻게 해야 할까? 만약에 자녀가 다른 선택을 하더라도 부모는 존중하고 지지해주어야 한다. 부모의 선택과 결정을 강요하면 충돌이 일어날 것이다.

네 번째 대처법
부모는 큰 감정적 쓰레기통, 맷집 좋은 샌드백이 되어주어야 한다.

사춘기 자녀들이 화를 내고 짜증을 낼 수 있는 대상은 어머니뿐일 가능성이 크다. 만약 아빠에게 화를 내면 아빠가 화를 더 크게 낼 것 같고, 친구들에게 내면 친구들 사이에서 소외될 두려움이 있으니, 그 어느 곳에도 마음 편하게 스트레스를 풀 수 있는 공간이 없다. 그래서 엄마만 보면 화가 나고 짜증이 난다. 엄마 때문에 화가 나는 것이 아니다. 그냥 엄마만 보던 화가 난다.

이때 엄마는 어떻게 해야 할 것인가?

아주 큰 감정적 쓰레기통이 되어주어라. 아이가 내뿜는 모든 짜증과 분노를 다 받아주어라.

아주 맷집이 좋은 샌드백이 되어주자. 권투 선수가 자기 마음대로 샌드백을 때리듯이 자녀들이 마음에 쌓인 스트레스를 마음껏 엄마에게 표현하도록 받아주라. 하지만 맷집 좋게 다 받아내는 것은 결코 쉬운 일이 아니다. 그러나 부모가 자녀에게 줄 수 있는 가장 큰 선물임을 알아야 한다.

하지만 여기에서 그치면 안 된다.

자녀가 화를 낼 때 분노의 감정을 정상적으로 받아들이고 아이와 함께 감정에 대하여 이야기하라. 분노라는 감정은 좋은 것도 아니고 나쁜 것도 아니라는 것을 알려주어야 한다. 자녀가 분노와 짜증의 감정을 표현할 때 솔직하게 감정을 표현해주어서 고맙다고 말하라. 그리고 지금은 분노의 감정을 표현하는 능력을 배워가는 중이라고 말하라. 자녀도 자신의 감정을 I-massage로 표현하는 삶을 훈련하게 하라.

가정은 감정적으로 밀착된 감정 덩어리라고 했다. 심지어 가정에서의 대화는 '대놓고 화를 내는 것이다.'라는 말까지 있다. 가정에서 자신의 감정을 건전하게 표현할 수 있는 적절한 분위기를 만들라. 감정을 폭넓게 경험하고 표현하여도 안전한 곳임을 아이들에게 인식시켜라. 가족에게 화를 내는 것도 가능하다는 것을 알려줘라. 하지만 동시에 화를 건전하게 표현하는 방법을 알려주라. 분노 중에는 가족들이 수용할 수 있는 것도 있고 그렇지 않은 것도 있으며 또 화가 났을 때 잘못된 방법으로 표현하면 그 결과가 어떻게 되는지 확실하게 알려주어야 한다.

다섯 번째 대처법
자녀가 화를 내는 것에 감사하라

사람은 누구나 자아실현의 욕구가 있다. 자아실현의 욕구는 공격성, 모험심, 도전, 탐색, 열정이라는 이름으로 나타난다. 이러한 이름은 자신의 정체성을 몰라서 분노와 짜증으로 표현된다. 부모에게는 아주 거북스럽고 부담스럽고 걱정을 하게 하는 것이다.

한편 분노는 에너지이다. 분노가 죽으면 열정이 죽는다. 우울증의 원인이 분노일 수도 있다는 사실을 기억해야 한다. 그러므로 분노는 적절하게 건강하게 표현되어야 하고 건강한 모습으로 승화를 시켜야 한다.

자녀가 화를 내면 감사하라. 아이가 건강하다는 것이다. 감정에 관해 함께 나누어라. 그런 다음 아이에게 감정을 선물로 주신 하나님께 감사하라. 분노라는 선물을 빠뜨리지 말라. 아이가 분노에 대하여 긍정적으로 대응하는 것을 보았을 때 아이가 분노에 대해 배우고 있는 것을 하나님께 감사하라.

여기서 반드시 구분해야 할 것이 있다.

분노와 폭력은 엄연히 다른 것이다. 분노는 선도 아니고 악도 아닌 하나의 감정이지만 폭력은 부정적인 행동이다. 분노는 감사해야 하지만 폭력은 치유를 하여야 한다. 아이가 폭력을 쓴다는 것은 부모 양육 태도에 심각한 문제가 있음을 의미할 수 있다.

4장

상한 감정을
치유함으로
분노 다스리기

가정에서 화가 많이 나는 이유는 집 어느 구석에 귀신이 있어서 화가 많이 나는 것이 아니다. 우리 내면에 위로 받지 못한 상한 감정이라는 상처 때문이다. 감정은 우리에게 있어서 중요한 부분이다. 감정의 흐름이 막히면 인격이 상처를 입는다. 심지어 육체적인 질병을 일으키기도 한다.

우리 내면에 있는 상한 감정을 반드시 치유해야 한다. 해결되지 못한 채 나의 무의식에 억압되어 저장되어 있는 감정은 반드시 해결되어야 한다. 왜냐하면, 인간은 감정을 가지고 있기 때문이다. 감정을 상실하는 것은 행복과 삶의 의미와 가치를 상실한 것과 같다. 그리고 상한 감정은 다른 모습으로 반드시 표현되기 때문이다. 우리 사회에서 '사이코패스'라 불리는 사람들이 끔찍한 사고를 일으켜 우리를 놀라게 한다. 그들이 사고를 일으키는 이유는 '감정'을 느끼지 못하기 때문이다. 성장 과정에서 어떤 요인에 의해서 감정이 위로 받지 못하고 심각한 상처를 받았기 때문이다. 상처 입은 상한 감정을 어떻게 관리하고 다스리느냐에 따라 가정은 물론 개인의 삶이 확연하게 달라질 것이다.

1 상처 입은 감정의 증상

인간은 누구나 내면에 어느 정도의 상처를 갖고 있다. 내면에 상처가 없는 사람은 아무도 없다. 상처를 통하여 우리는 고민하고 아파하고 성장하며 성숙한다. 중요한 것은 내면의 상처가 내 인생의 왕 노릇 하게 버려두어서는 안 된다. 내면의 상처가 왕 노릇을 하게 버려두면 우리의 삶은 점점 피폐해지고 이상행동으로 변하게 된다. 내면의 상처가 왕 노릇 하기 전에 건강하게 보듬어 주어야 한다.

내면에 있는 상처를 보듬어주기 위해서는 내 속에 어떤 내적인 상처가 있는가를 알아야 한다. 알 수 있는 방법은 증상을 통해서 알 수 있다. 많은 증상이 있지만, 대표적인 것은 다음과 같다.

:: (1) 해로운 수치심

'수치심'이란 자신을 부끄럽게 여기는 감정이다. 대

부분의 사람들은 자기 존재에 대해 수치심을 가지고 있다. 수치심은 인간임을 알게 하는 에너지가 있으며 사람을 겸손과 배움으로 인도한다.

건강한 수치심 VS 해로운 수치심

수치심에는 건강한 수치심과 해로운 수치심이 있다. 건강한 수치심이란 자신의 행위에 대한 부끄러움을 느끼지만, 존재감에 대해서는 겸손함과 배움의 자세를 가진다. 하지만 해로운 수치심은 사소한 실수나 실패를 경험했을 때 행위를 탓하기보다는 자기 존재를 탓하고 비난을 한다.

예를 들어 실수를 하였다고 생각해보자. 건강한 수치심을 가진 사람은 "내가 실수했구나. 이번 실수를 통해 내가 많은 것을 배웠구나. 다음에는 더 효과적인 방법으로 해야 하겠다."고 생각한다. 하지만 해로운 수치심을 가진 사람은 "나는 실수 덩어리야. 나는 하는 일마다 실수를 해. 나는 제대로 하는 것이 없어."라고 생각하면서 자신을 비하하고 정죄한다. 또한, 이러한 자신을 감추기 위해 완벽주의 가면을 비롯한 다양한 생존의 가면을 쓰고 살아간다.

:: (2) 낮은 자존감

자기 자신의 존재를 지나치게 낮게 평가한다. 자신의 결정이나 능력, 사고에 확신과 자신감이 없어서 다른 사람이나 환경에 의존되어 있다. 자신을 사랑할 수 없으며 늘 병적인 열등감에 지배를 당하며 살아간다. 데이빗 시멘즈는 자신의 저서 『상한 감정의 치유』에서 '낮은 자존감을 감정적 쓰레기에 비유했으며 사탄이 틈타는 통로요 사탄이 사용하는 가장 강력한 무기'라고 했다.

:: (3) 기능적인 죄책감

인간이란 자신이 잘못을 했을 때에는 반드시 죄책감을 느껴야 한다. 죄책감은 양심을 발달시켜주는 에너지이다. 죄책감에는 존재론적 죄책감과 기능적인 죄책감이 있다. 존재론적 죄책감은 객관적이며 가치 있는 죄책감으로 더 나은 삶으로 이끌어가며 비전으로 나아가게 하는 에너지가 있다. 하지만 기능적인 죄책감은 잘못된 것으로 지극히 개인적이며 주관적 것이다. 아이가 학교 시험을 잘 못 봐서 성적이 낮게 나왔을 때 엄마가 자신 때문에 아이 성적이 낮게 나왔다고 생각하는 경우, 또 반대로 엄마가 어떤 이유로 화를 낼 때 아이들은 자신 때문에 엄마가 화를 낸다고 생각하고 죄책감을 느끼는 것이다. 이렇듯 기능적인 죄책감은 예민한 양심으로 인하여 생기는 것이다.

:: (4) 두려움과 불안

두려움과 불안은 인간이 가지는 가장 기본적인 감정이다. 성격을 이루는 핵심적인 요인 중의 하나이다. 두렵기 때문에 완벽주의자가 생기기도 하고, 말없이 순응하는 사람, 공격적인 사람 등 다양한 성격이 형성된다. 우리는 관계 속에서 다양한 일들을 하면서 살아간다. 그러한 활동 속에서 생기는 원초적인 감정이 두려움과 불안이다. 권위자에 대한 두려움이나 실패에 대한 두려움 등 다양하다.

상처가 많은 사람의 특성은 실제적인 두려움과 비실제적인 두려움을 잘 구분을 못 하고, 비실제적인 두려움의 지배를 많이 받는다. 실제적인 두려움이란 실제로 경험하거나 자신의 눈앞에 두려운 일들이 일어나고 있는 현실을 말하지만, 비실제적인 두려움은 상상에 의해서 오는 두려움이다. 현실에서는 두려운 상황이 아니다. 하지만 상상만 해도 두려움을 느끼며 그 두려움의 지배를 받아 현실에서 움츠러드는 것을 말한다.

:: (5) 깊은 좌절감

살면서 적절한 좌절감은 성장과 성숙으로 나아간다. 작은 실패나 실수에도 깊은 절망감을 느끼며 좌절하는 사람들이 있다. 깊은 좌절감으로 인하여 자신을 스스로 비난하고 정죄한다.

:: (6) 권위자에 대한 두려움

권위자에 대한 두려움은 대인관계에서 쉽게 위축되거나 권위자를 만날 때 두려움을 느끼거나 쉽게 기가 죽는 것을 말한다. 우리나라는 가부장적이며 권위적이고 수직 문화이다. 이러한 문화 속에서는 대인관계에 두려움을 많이 가질 수 있다. 윗

사람은 일방적으로 명령과 지시를 내리고 아래에 있는 사람은 무조건적으로 순종을 해야 한다. 우리나라 사람들은 의외로 특정 인물이나 권위적이거나 윗사람에 대한 두려움을 많이 갖고 있다. 이러한 두려움은 완벽주의를 만드는 원인이 되기도 한다.

∷ (7) 인정과 칭찬에 대한 목마름

적절한 인정과 칭찬은 행동에 동기부여를 한다. 사람들의 내면에는 칭찬받고 싶은 욕구가 있다. 하지만 내면의 상처가 많은 사람은 인정과 칭찬에 대한 목마름이 지나치다. 사소한 거절이나 부정적인 평가에도 쉽게 상처를 받고 인정받기 위해 지나치게 남을 배려한다.

∷ (8) 소속감을 못 느낌

인간은 누구나 소속감을 느껴야 행복하다.

'나는 필요한 사람이다. 나는 받아들여지고 있구나. 나는 사랑받고 있구나. 나는 소중한 사람이구나.'라는 느낌을 받을 때 살맛이 나고 존재감이 살아난다. 하지만 내면에 상처가 많은 사람은 소속감을 잘 못 느낀다. 늘 부적절함을 느끼곤 한다. 이러한 느낌을 극복하기 위해 다양한 모습으로 자신의 내면을 감추고 살아간다. 하지만 내면 깊은 곳에는 늘 소속감을 느끼지 못한 채 외로움 때문에 울고 있는 자신을 발견한다.

:: (9) 성인으로 느끼는 데 힘이 듦

사람들은 누구나 인정을 받고 싶어 한다. 하지만 어릴 때부터 인정과 칭찬을 받기 위해 성인아동으로 살아온 사람들은 호적상의 나이는 성인이 되었음에도 불구하고 자신을 성인으로 느끼고 인정을 받는 데 어려움을 느낀다.

:: (10) 지나친 책임감

책임성이 강하다는 것은 성숙한 인격체의 모습이다. 하지만 초 책임성은 모든 일에 자신이 책임을 지거나 책임이 있다고 생각한다. 이들은 다른 사람을 기쁘게 하기 위해 엄청난 노력을 한다. 과도하게 책임을 진다. 부모를 기쁘게 하려는 시도가 그 원인이다. 다른 사람의 문제를 해결하기 위해 지나치게 노력한다.

:: (11) 지나친 무책임

초 책임성과 반대 되는 개념이다. 아예 포기하거나 회피한다. 자신이 많은 일을 저질러놓고서는 타인이 해결해 주기를 원한다. 의존적인 성향으로 인해 다른 사람이 자신을 책임져 주기 바란다.

:: (12) 지나친 완벽주의

완벽성을 추구하려는 것은 나쁜 것이 아니다. 우리는 어느 정도 완벽성을 갖고 있어야 올바름과 질서 그리고 원칙이 설 수 있다. 하지만 초 완벽주의는 모든 것이 완벽해야 한다는 것이다. 이들은 불가능한 목표를 세우고 그렇게 살지 못하는 자신을 혹독하게 비판한다. 다른 사람들에게도 자신의 기준을 세워 그렇게 하지 못하는 것을 비판한다. 무엇을 해도 결코 만족이 없다. 초 완벽주의는 불안과 두려움을 안고 늘 긴장하는 삶을 살아간다.

:: (13) 과민한 반응

객관적으로 볼 때 특별히 그럴만한 상황이 아닌데 지나치게 예민하게 반응한다. 그렇게 화가 날 일이 아닌데도 심각하게 화를 낸다. 별일 아닌데도 흥분하고 이성을 잃는다. 모든 일에 지나치게 예민하게 반응한다.

:: (14) 지나친 외로움

찰스 더함은 "외로움은 위장 속에 깊은 구멍이 뚫리는 것 같은 고통스러운 마음의 상태이며 사람으로 하여금 초조하게 하고 완전히 무능력하게 한다."고 했다.
또 게리 콜린스는 다음과 같이 말했다.
"외로움은 다른 사람과의 의미 있는 관계가 없을 때 느끼는 고통스러운 자각이며 슬픔, 무기력, 고립감, 산만함, 분노 그리고 공허감을 동반하며, 타인에게 꼭 필요한 존재요, 원하는 존재가 되고 싶은 강렬한 열망이다."

외로움의 종류를 세 가지로 나누어 설명할 수 있다.

첫 번째는 감정적 외로움이다.

감정적 외로움은 타인과의 친밀한 관계가 없거나 부족함에서 오는 외로움이다. 감정적 외로움은 성장 과정에 위로 받지 못한 감정과 밀접한 관계가 있다. 특히 어릴 때 방임을 받았거나 외롭게 성장했다면 감정의 외로움은 더 할 것이다. 방치로 형성된 외로움은 정서적으로 배가 고프고 허전함을 느낀다. 자신의 삶이 그림자처럼 느껴지고 삶에 대한 생생한 느낌이 없다. 관계 속에 있어도 외로움은 언제나 존재 밑바닥에 고여 있다. 소속감이나 친밀감을 느끼는데 부족하다. 아무도 자신을 소외시키거나 왕따 시키지 않았다. 그럼에도 불구하고 소외된 것 같고 외톨이가 된 기분이다.

두 번째는 사회적 외로움이다.

사회적 외로움이란 목적을 성취한 이후나 목적이 없을 때 느끼는 감정으로 공허하며 허전한 마음이다. 삶의 목적과 의미를 상실한 사람이 느끼는 외로움이다.

세 번째는 존재적 외로움이다.

존재적 외로움은 인간이기 때문에 느끼는 감정이다. 외로움이라는 감정의 깊은 곳으로 들어가 충분히 느끼고 경험을 해야 한다. 그리고 자신을 향한 성장과 성숙으로 나아가는 결단의 시간으로 활용하는 지혜가 필요하다. 예수님은 공생애를 시작할 때 광야라는 외로운 곳에 가서 묵상하며 혼자의 시간을 보냈다. 성공한 사람들은 존재적 외로움을 잘 활용한 사람들이다.

:: (15) 분노 조절이 안 됨

분노는 인간의 근원적인 힘이다. 분노는 나에게 있어서 소중하기 때문에 생기는 감정이다. 하지만 분노가 조절이 안 되어 부정적인 방법으로 표현되거나 분개나 적개심으로 이어진다면 자신과 많은 사람에게 피해를 줄 수 있다. 분노를 어떻게 관리하고 건강하게 표현하느냐는 것은 중요한 문제이다. 내면에 상처가 많은 사람일수록 분노 조절이 잘 안 된다.

:: (16) 지나친 비교의식

사람은 누구나 비교의식을 갖고 있다. 무엇이든지 지나친 것이 문제이다. 내면에 상처가 많은 사람은 자신도 모르게 상대방과 자신을 비교한다. 상대방보다 내가 낫다고 생각하면 자존감이 생기고 그보다 못하다고 생각하면 열등감이 생긴다. 하지만 이들은 상대방보다 내가 더 낫다고 생각할 수가 없다. 그 이유는 상대방이 가장 잘하는 것과 내가 가장 잘하지 못하는 것과 비교를 하기 때문이다. 이제 비교원리보다는 창조원리로 살자. 비교원리는 사탄의 원리요 창조원리는 하나님의 원리이다. 나는 'A는 잘못하지만, B는 정말 잘한다.'라는 창조적 원리를 갖고 자신을 사랑하고 존중하며 살아가자.

∷ (17) 선택의 오류

인간의 삶은 선택의 연속이다. 의지적인 상처는 선택의 오류이다. 상처를 많이 받은 사람들은 그동안 무엇을 선택을 해도 환경의 지지를 많이 받지 못했다. 그래서 자신이 현재 선택한 일에 대한 확신이 약할 수 있으며 선택을 하더라도 선택의 오류를 많이 범한다. 선과 악을 따라 선택하는 것이 아니라 나에게 유익을 주느냐 유익을 주지 않느냐에 따라 선택을 하는 경우가 많다. 선택사항이 바른가, 아니면 그른가를 따라 선택하는 것이 아니라 익숙한 것인지 아닌지에 따라 선택할 가능성이 크다.

2 감정이 상처 입었을 때 대처 방법

∷ (1) 건강하게 대처하는 사람

건강하게 대처하는 사람들은 스트레스 상황에서 자신의 상한 감정이 내면에서 어떠한 소리를 내고 있는지를 객관적으로 생각해본다. 그리고 상황에 어떻게 반응해야 적절한지 의식적이고 합리적으로 판단하여 직접 대처하는 능력을 말한다. 이렇게 건강하게 대처하는 사람은 현재 감정을 상하게 하는 환경을 변화시키든지 아니면 스트레스 환경을 변화시킬 수는 없지만, 긍정적으로 대처하는 능력을 갖추고 있다. 직접적 대처 능력을 갖춘 사람들은 현재 일어나는 모든 일을 목적론적으로 해석하여 미래 지향적으로 나아가게 된다.

어느 여대생의 경험담이다.
함께 일을 하는 후배가 있었는데 오늘따라 후배가 예의 없는 행동을 한다. 후배에게 차를 한 잔 부탁했는데 신경질적으로 반응한다. 표정이 좋지 않다. 전에는 잘 따라주었는데 오늘따라 후배가 좀 이상하다. 후배가 한 어떤 행동 때문에 속상하다. 화가 났다. 그래서 조심스럽게 "오늘 너의 행동 중에 내 마음을 불편하게 하는데 혹시 나에게 불만이 있어?"하고 물었다.

후배는 이렇게 대답을 했다. "아니에요. 선배님, 제가 선배님을 얼마나 좋아하는데요. 오늘 짜증이 자꾸 나네요. 생리 때문이에요. 오늘 생리통이 너무 심해서 저도 모르게 짜증이 난 것 같아요. 미안해요, 선배."

　　　　이 여대생은 자신에게 스트레스를 주는 상황에서 감정이 조금 상했지만 이에 대해 직접적인 대처와 나 전달법을 사용했다. 후배에게 질문을 하였고 오해를 풀어 건강하게 해소를 할 수 있었다.

:: (2) 방어적 대처 방법

　　　　방어적 대처방법이란 감정이 상할 때 스트레스를 일으키는 상황 자체는 그대로 놓아둔 채 그 상황에서 느끼게 되는 내적 긴장이나 상한 감정으로 인한 마음의 고통을 완화시키는 반응들이다. 즉 방어기제를 사용하여 고통을 회피하거나 최소화하는 방법들이다.

대표적인 방어기제는 '억압'이다. 억압이란 자신의 감정을 표현하지 못하고 참고 견디면서 무의식의 깊은 곳으로 밀어 넣어버리는 것을 말한다. 그리고 외적으로 감정이 상하지 않는 것처럼 행동하는 것을 말한다. 방어기제는 사람마다 아주 다양하다.

:: (3) 치유적 대처 방법

사람은 살아가면서 스트레스를 받는다. 스트레스를 받으면 감정이 상한다. 직접 대처를 할 수 없다면 방어적 대처를 많이 사용하여 억압을 하거나 힘없고 보복의 두려움이 없는 대상에게 투사되기도 한다. 위로 받지 못한 상한 감정을 치유적인 방법으로 접근하는 것은 대단히 중요하다. 상처를 안 받고 살 수 있다면 좋겠지만 사실 살다 보면 상처받는 일들은 생길 수밖에 없다. 이때 우리가 받은 상처에 생기는 상한 감정을 건강하게 해소할 수만 있다면 우리는 더 행복한 삶을 살 수 있을 것이다.

치유적 대처방법이란 상처를 받아서 위로 받지 못한 상한 감정을 다양한 방법으로 해소해보는 것이다.

- 실컷 울기
- 배꼽이 빠지게 웃어보기
- 벽보고 욕하기
- 땀이 흥건해질 때까지 운동하기
- 등이 아플 때까지 잠자기
- 음악 듣기

이처럼 우리가 할 수 있는 해소법은 다양하다.

3 감정의 출처를 추적하라

　　　　　　이 책에서는 분노라는 감정의 문제를 다루고 있다. 앞에서 언급한 것처럼 분노는 스스로 존재하는 감정이 아니다. 분노가 생길 때는 그 이면에 반드시 상한 마음이 존재하고 있다. 그래서 분노를 다룰 때는 나를 화나게 하는 상한 감정을 찾는 것이 중요하다.

:: (1) 일차적 감정 VS 이차적 감정

　　일차적 감정이란 무엇인가?

일차적 감정은 분노를 일으키는 어떤 감정을 말한다. 무시를 당하거나, 모욕을 당하거나, 거절을 당할 때 우리는 수치심을 느낄 수 있다. 때로는 비참함이나 두려움을 느낄 수 있다. 이때 느끼는 수치심의 감정이나 두려움과 비참함, 불안을 '일차적 감정'이라고 한다. 이러한 감정이 표현될 때에는 분노로 표현이 된다. 그래서 분노를 '이차적 감정'이라 부른다.

일차적 감정은 분노를 일으키는 동기가 된다.
내가 왜 화가 나는지, 무시당해서 나는지, 열등감 때문에 나는지, 두려움이 생겨서 나는지, 남보다 뒤처진다는 불안한 생각 때문에 나는지, 몸의 컨디션이 좋지 않아서 나는지, 세력권에서 밀려나기 때문인지, 수치심 때문에 화가 나는지, 내가 너무 초라하고 못나 보여서 화가 나는지 등을 파악하는 것이 중요하다.

자신의 감정을 감동시키기 위해서는 현재 자신이 느끼는 일차적 감정을 알아야 한다. 이차적 감정만 느끼고 표현을 한다면 공연히 남 탓을 할 수 있다. 아니면 정반대로 모든 일의 원인을 자신으로 돌려 우울해질 수도 있다.

당신은 마음이 상하여 화가 날 때 반사적으로 화를 내기보다는 무엇 때문에 화가 났는지, 일차적 감정은 무엇인지, 화가 나는 진정한 원인은 무엇인지를 깊이 생각해보라. 그리고 상한 감정을 위로하고 감동하게 해줘라. 일차적 감정을 잘 관리하여 이차적 감정인 분노를 건강하게 표현하는 능력을 길러주는 것이 중요하다.

:: (2) 전이된 감정을 치유하라

화가 날 때 화의 출처를 아는 것이 매우 중요하다. 일차적 감정에서 출발한 것인지, 아니면 과거의 미해결된 감정에서 출발한 전이된 감정인지를 알아야 한다. 사람들의 의식 속에 잠복해 있는 미해결된 감정이 현재 누군가에게 투사되어 나오는 감정을 '전이된 감정'이라 한다. 쉽게 말하면 '종로에서 뺨 맞고 한강에서 푼다.'는 속담과 같은 뜻이다.

아내가 남편에게 화를 많이 낸다면 그 이유가 남편의 어떤 행동 때문에 화가 나는지, 아니면 아버지에 대한 미해결된 감정이 잠복하여 있다가 남편에게 투사되어 나오는지를 알아야 한다. 만약에 아버지에 대한 분노가 남편에게 표출되고 있다면 대부분의 사람들은 이 사실을 잘 모르고 있는 경우가 많다. 예를 들어 남편의 행동 때문에 화를 내지만 가만히 들여다보면 자신의 내면 깊은 곳에 아버지에 대한 부정적 감정이 남편에게 전이되어 나타나고 있는 것이다. 또 자녀에게 화가 많이 난다면 그 화가 아이 때문에 나는 것인지, 남편에 대한 분노가 전이되어서 나는지를 알아야 한다.

전이된 감정의 강도는 과거의 경험에 따라 결정된다. 과거의 경험이 비통할수록 감정은 더 격렬할 것이다. 지금 내가 느끼고 표현하는 감정이 현재의 감정인지 아니면 과거의 미해결된 감정이거나 타인에 받았던 상한 감정이 표현되고 있는지를 구분하는 지혜를 가져라.

상한 감정을 표현한 행동이 적절한가, 부적절한가를 알아보자.

적절하다는 것은 감정표현의 보편성을 말한다. 쉽게 풀어 설명하면 어떤 상황에서 누구나 그렇게 느낄 수 있는 감정이라면 적절하고 보편성을 띠고 있다고 할 수 있다. 이런 감정들은 다른 사람들이 쉽게 이해할 수 있다. 상황에 따른 적절한 감정은 건강한 것이다.

부적절한 감정은 어떤 경우를 말하는 것일까?
다른 사람들이 보편적으로 이해하기 곤란한 지나친 감정을 말한다. 이는 농도와 지속성을 동시에 고려해야 한다.

'농도'란 지나친 감정의 정도를 말한다.
예를 들면 어떤 상황에서 30% 정도의 분노가 표출되는 것이 적절하다고 보았을 때, 90%의 분노를 발산하면 이는 부적절한 것이다. 이것은 현재의 사건이 과거의 미해결된 감정을 건드렸기 때문이다. 현재의 30% 감정이 과거의 100% 감정을 자극한 것이다. 이처럼 부적절한 감정은 그리고 어떤 상황에 대한 지나친 감정은 그와 관련한 이전의 기억이나 사건이 있음을 암시한다.

부적절한 감정은 '지속성'과도 관련이 있다.
보통 상황이 바뀌면 감정이 바뀐다. 그러나 그 상황이 바뀌었음에도 불구하고 감정이 지속하는 것은 부적절하다. 상황이 바뀌었음에도 불구하고 이전 감정이 지속한다면 이와 관련한 상처가 있다는 증거이다.

특별히 그럴만한 상황이 아닌데 화를 내는 것도 전이된 감정과 밀접한 관계가 있다. 화가 날 때마다 늘 나의 감정의 출처를 살펴야 한다. 과거의 미해결된 감정이 현재 나타나고 있는지, 회사에서 받은 스트레스가 억압되어 있다가 아내에게 표출되고 있는지를 알아야 한다.

:: (3) 현재 성인이 된 나의 역할

가정이라는 공동체에서 분노를 다스리고 관리하며 행복하게 살기 위해서는 현재 성인이 된 자신이 감정을 처리해야 한다. 다시 말하면 성인이 된 당신이 교통 신호를 지휘하듯이 감정을 지휘하고 관리해야 한다는 말이다.

과거의 미해결된 감정이 현재 성인이 된 당신을 조종하지 못하게 하라. 마음 상한 일차적 감정이 분노와 연합하여 성인이 된 당신을 지배하지 못하게 하라. 남편에게 상한 감정을 아이에게 표현하지 못하게 성인이 된 당신이 조절을 하라.

이제는 감정의 출처를 올바로 발견해서 화가 날 때마다 현재 성인이 된 당신이 감정을 관리하는 능력을 길러라. 성인이 된 당신은 상한 감정을 현실적으로 대처하는 능력을 길러야 할 때다. 당신은 충분히 할 수 있다. 당신과 당신 가족의 행복을 위해 반드시 해야만 한다.

4 화가 난 상한 감정을 건강하게 표현하라

사람은 감정이 상하고 스트레스를 받으면 화가 난다. 그러나 화가 나기 전에 어떻게 감정을 다루고 건강하게 표현할 수 있느냐는 굉장히 중요한 문제이다. 훈련되지 않은 사람들은 화가 나면 대부분 자녀들에게나 배우자들에게 화를 많이 표현한다. 그래서 우리는 화가 날 때 스스로 치유하는 방법이 필요하다.

:: (1) 상한 감정을 언어화하라!

분노를 치유하는 방법은 상한 감정을 언어화하는 것이다. 말로 표현하면 가슴이 시원해지고 문제가 보이고 답이 보이기 시작한다.

첫 번째, 누군가 믿을만한 사람을 찾아가서 상한 감정을 이야기해보자.

사람은 누구나 감정이 있다. 감정이 상하면 가슴이

답답해진다. 가슴에 쌓여 있는 위로 받지 못한 감정이 있다면 믿을 만한 사람을 찾아가 자신의 내면을 표현하면 된다.

과거에는 마음을 열 곳이 많았다. 생각과 상한 감정을 언어화시키는 곳이 어디였을까?
과거에는 빨래터가 그런 곳이었다. 상담소 같은 곳이었다. 동네 아낙네들이 시댁에서 스트레스를 받았을 때 빨래를 가져가 냇가에서 빨래를 하면서 누군가와 마음을 털어놓고 나눌 수 있었다. 빨래터만 아니라 우물가도 있었다. 또 노동하면서 땀을 흘리면서 정신건강이 자연히 유지되었다. 그러나 현대 사회는 단절된 사회이기에 누군가에게 마음을 터놓고 이야기를 할 수 있는 대상을 찾기는 쉬운 일이 아니다. 대화를 해도 비밀보장이 되지 않기에 깊은 대화는 할 수 없다.

두 번째, 생각이나 감정을 언어화시키는 방법은 글로 써보는 것이다.
글을 쓰는 것은 누군가에게 말을 하는 것과 같은 효과를 갖는다. 자신의 내면에 있는 분노나 스트레스, 걱정이나 염려, 불안 등을 글로 쓰는 것은 육체적 건강이나 정신적 건강에 긍정적인 영향을 준다. 쓰기는 마음을 청소해 준다. 마음이 복잡하거나 스트레스를 받았거나 문제가 무엇인지 잘 모르거나 해결책을 잘 모를 때에는 쓰기를 하라. 그리고 하면 가슴이 시원해지고 인간관계에 도움이 되는 새로운 지혜를 터득하게 될 것이다. 다른 기질도 쓰기를 통해 감정을 다루면 유익하지만, 특히 다혈질에는 이 방법을 써보라고 권하고 싶다.

자신의 감정을 감동하게 하는 사람이 되라. 감정 노트를 준비하여 생각나는 대로, 마음껏, 자유롭게 표현하라. 감정을 적을 때는 가능하면 하고 싶은 말을 떠오르는 그대로 쓰고 간혹 속 시원히 욕을 쓰는 것도 아주 효과가 있다.

본인은 목회자라서 누구에게도 말을 못할 때가 많다. 그러면 노트에 적기 시작한다. 스트레스 준 사람의 이름을 적고 욕이란 욕을 다 쓴다. 욕을 쓰고 나면 마음이 얼마나 시원해지는지 모른다. 그렇게 쓰고 나던 감정이 감동을 하여서 스트레스 준 사람에게 미안한 마음도 생기고 그동안 나에게 베풀어준 고마움도 생각이 난다. 그래서 쓰다 보면 고마운 것을 적기도 한다. 그 다음 주일 그분을 만났을 때 얼마나 마음이 편한지 모른다. 왜냐하면, 내 마음에 쌓인 감정이 빠져나갔기 때문이다.

처음 개척할 때의 일이다.
교회를 개척하기로 했는데 재정적인 부분은 아무리 생각해도 답이 나오질 않았다. 그래서 나름대로 계획을 세웠다. 몇 사람을 만나서 적절한 도움을 받기로 했다. 믿음이 있고 경제적인 여유가 있는 10명 정도를 선택하여 다음 날 연락하여 만나야겠다고 기록해 놓고 잠을 청했다. 그래도 마음이 답답했다. 그래서 노트에 기도를 글로 쓰기 시작했다. 놀랍게도 하나님의 음성이 들렸다. "아무것도 염려하지 마라. 내가 다 준비했는데 네가 왜 걱정을 하고 있니? 인본주의적인 방법으로 해결을 하려 하느냐?"고 하셨다. 너무나 선명하게 다가오는 그 메시지에 놀랐다. 그리고 내가 계획했던 것을 다 포기하고 잠을 잤다.

그 다음날 중앙교회 박 모 집사로부터 전화가 왔다.

"목사님, 개척 준비 어떻게 되어갑니까? 조금 후에 제가 그곳으로 갈게요. 기다리세요."

잠시 후에 도착한 그분이 하는 말은 이랬다.

"목사님, 이 모든 것은 제가 책임지고 하겠습니다."

이 모든 것이 다 하나님의 은혜였다.

이렇게 쓰기는 심리적 외상을 풀어준다. 그리고 쓰기는 내면치유의 방법 중에 아주 중요한 부분이다.

부끄러워 죽겠습니다.
건빵 좀 사주시면 안 되겠습니까?

어느 날 한 건강한 사내가 우리 상담소 문을 노크했다.
들어오면서 그분이 이렇게 말했다.
"쪽팔려 죽겠는데 건빵을 좀 팔아주세요."
난 그 말이 너무 재미가 있어서 이렇게 말하며 그분을 맞았다.
"잠깐 들어오세요. 제가 건빵을 다 사드릴 테니까요."
잠깐 앉으라고 하고 이렇게 질문을 했다.

"왜 건빵을 팔고 계시는지 여쭤 봐도 될까요?"
"네, 사실 저는 요즘 불면증 때문에 잠을 못 자서 너무 힘들어요. 정신과에서 주는 약을 먹어도 잠이 안 와요. 그래서 내 몸을 힘들게 하면 밤에 잠이 으지 않을까 생각되어 이렇게 장사를 하고 있습니다."라고 그분이 답했다.

"언제부터 불안과 불면증이 생겼나요?"
"3년 전에 어머니가 갑자기 암 선고를 받았고 그때 너무 충격을 받아서 온갖 생각이 머리를 떠나지 않아요. 그때부터 생각이 많아서 잠을 잘 수가 없습니다."

그분에게 이렇게 말했다.
"오늘 집에 가시면 당신의 내면에 생각나는 모든 것, 그것이 불안이나 두려움, 염려나 근심 걱정, 미래에 대한 생각들, 어떤 것이라도 좋으니 생각나는 대로 글을 쓰세요."
사나흘 정도 흐른 어느 날 그분이 다시 찾아오셨다.
"제가 태어나서 이렇게 단잠을 자본 일이 없었어요. 목사님, 정말 감사합니다."
어머니가 암에 걸렸다는 소식을 접하면서 시작된 불면증은 그렇게 쓰기를 통해 내면의 감정을 풀어놓으면서 사라졌다. 상한 감정을 토설하고 나니 마음에 평안함이 찾아온 것이었다.

세 번째, 그림이나 음악으로 표현해보자.

잘 그리고 못 그리고는 그리 중요한 것이 아니다. 화가가 되어 작품을 만드는 것이 아니니 전혀 부담 없이 그리면 된다. 내면세계를 그림이나 음악으로 표현하는 방법은 정신 건강에 도움을 준다.

네 번째, 혼자만의 공간에 가서 소리를 질러보자.
나는 일이나 관계 속에서 스트레스를 받으면 가슴이 답답해진다. 그래서 소리를 지른다. 특히 운전하면서 큰 소리로 내 마음을 표현하는 노래를 부르거나 혼자 욕을 하면서 운전할 때가 많다. 누가 듣는 것도 아니고 상대방에게 피해를 주는 것도 아니다. 혼자 소리를 지르고 욕을 하거나 노래를 부르고 나면 가슴이 시원해진다. 스트레스가 한방에 다 날아가는 기분을 경험할 수 있다.

다섯 번째, 쇼핑이나 운동을 한다.
외향성이 강한 유형이라면 갇힌 공간이나 좁은 공간에 있으면 더 화가 나고 답답해진다. 가슴을 시원하게 하기 위해 여행을 하거나 쇼핑해보는 것도 좋다. 또 운동이나 드라이브 등을 통하여 기분을 전환하는 것도 많은 도움이 된다.

여섯 번째, 자연으로 들어가 보자.
자연을 좋아하는 사람들이 있다. 많은 사람과 함께 가는 것도 좋지만 혼자 가는 것도 좋다. 물소리, 새소리, 낙엽소리, 바람 소리를 들으며 자연의 아름다움을 감상하고 자연과 함께 대화하는 시간을 가져보자. 특히 흙을 밟고 산행을 하거나 잔디밭을 거닐어

보거나 심호흡을 하며 숲의 공기를 마셔보는 것도 분노를 관리하는데 많은 도움이 된다.

　　　　　일곱 번째, 자기간의 공간 속에서 머리를 쉬게 해보자. 스트레스를 받으면 머리가 아픈 사람이 있다. 이런 사람들은 조용한 곳에 가서 충분히 쉬어주면 좋다. 음악을 듣거나 영화를 보면서 자신만의 시간을 갖고 머리를 정리하는 것도 분노 관리에 많은 도움이 된다.

5 상처를 준 사람을 치유적으로 만나라

상한 감정은 마음속에 꾹꾹 눌러두면 반드시 소화불량에 걸려 복통을 일으키게 된다.

필자의 경우 상한 감정을 해소하지 못하고 방치했을 때 두려움과 대인 기피증으로 증상이 나타나기 시작했다. 대학교 다닐 때까지는 나타나지 않았는데 그때까지는 내가 원하는 사람만 만나면 되었기 때문이었다. 그런데 목회를 시작하면서 윗사람을 만나야만 했고, 내 마음에 들지 않는 사람들을 의무적이며 지속해서 만나야 했고, 아버지와 이미지가 비슷한 사람들과 함께 사역을 해야만 했다. 이때부터 상한 감정이 복통을 일으키기 시작하였다. 얼마나 힘들었는지 모른다. 그분의 전화로 목소리만 들어도 긴장을 했을 정도였다. 소변을 보다가 그분이 옆에 있으면 소변이 멈출 정도로 대인관계에 두려움으로 드러난 상한 감정이 내 인생의 주인 노릇을 하며 나를 괴롭혔다.

이뿐만이 아니다. 상한 감정은 결혼 후에 아내에게 거침없이 표현되기 시작되었다. 중고등부를 사역할 때에도 억압된 분노는 교육이란 탈을 쓰고 학생들에게 얼차려를 시키기도 했고 심지어 폭력을 쓰기도 했다.

내가 왜 그러는지도 몰랐고 치유 받는 방법도 몰랐다. 그러는 중에 치유상담을 접하게 되었고, 나의 두려움이 아버지에게서 온 상한 감정이라는 것을 알게 되었다. 그리고 간절한 마음으로 치유하기를 원해서 치유그룹에 들어가서 치유하기로 했다.

:: (1) 빈 의자 기법으로 상처를 준 사람을 만나서 표현을 하라.

치유 그룹에 들어갔을 때 15명 정도 참석을 했다. 정태기 교수는 제일 먼저 치유하기를 원하는 사람은 앞으로 나오라고 했다. 아무도 나오지 않기에 나는 아무것도 모르면서 제일 건저 나갔다. 교수님은 빈 의자 기법으로 치유사역을 시작하였다.

빈 의자 기법은 말 그대로 내가 앉은 의자의 반대편에 빈 의자를 놓고 그 빈 의자에 특정 인물이 있다고 생각하고 대화를 통해 치유방법이다.

내 앞에 빈 의자를 가져다 놓으시고 교수님이 앉으

셨다. 그리고 이렇게 말씀하셨다.

"여기, 이 의자에 아버지가 앉아 있다고 생각하시고 평소에 늘 하고 싶었던 말을 하세요." 어릴 때 상처 입었던 감정을 아버지에게 토설하라고 하셨다. 나는 교수님의 지도를 따라 아버지에 대한 아픔을 끌어내기 시작하였다.

"아버지, 왜 그렇게 사셨어요? 늘 술을 드시고, 엄마에게 화를 내고 폭력까지 행하셨어요. 우리가 그때마다 얼마나 두려움에 떨었는지 알아요. 아버지에 대한 두려움으로 난 지금도 사람을 대하기가 힘들 때가 있어요. 난 아버지가 싫어요. 아버지 목소리도 듣기 싫어요. 아버지의 피부가 내 피부에 닿는 것도 싫어요. 아버지가 우리 집 불행의 원인입니다. 아버지만 없으면 우리 집이 편안합니다. 아버지, 왜 그렇게 무섭게 대하셨어요. 아버지, 왜 그렇게 사람을 차별하셨나요? 우리 집에는 형님은 인간이고 나는 인간도 아니지요? 왜 그렇게 차별했나요?"

이때 교수님은 잠시 멈추게 하시고 이렇게 말씀하셨다.

"목사님! 지금 그렇게 표현해서는 감정이 잘 나오지 않습니다. 감정을 더 실어서 강하게 표현해 보세요."라고 했다. 난 더 강하게 눈물과 콧물을 흘리면서, 어린아이가 응석을 부리듯이 온 방을 휘저으면서 감정을 실어 아픈 마음을 토해냈다.

아버지에 대한 마음을 거의 다 쏟아내었을 때 교수님은 나에게 빈 의자에 앉으라고 하셨다.
나는 생각 없이 자리를 바꿔 반대편 빈 의자에 앉았다.

그때 교수님은 이렇게 말했다.
"목사님, 이제 아들의 말을 듣고 아버지가 되셔서 답을 해주세요. 목사님의 말을 듣고 아버지가 여기에 계신다면 무엇이라고 말씀하실 것 같습니까?"

난 순간적으로 하늘이 노랗게 변하는 것 같았다.
머릿속이 백지장처럼 하얗게 변했고 도무지 무슨 말을 어떻게 해야 할지 몰랐다. 나는 아버지 처지에서 한 번도 생각을 하지 않았다.

순간 내 머리에 스쳐 가는 아버지의 모습은 가정을 위해 헌신하는 모습이었다. 논에서 일하시던 모습, 시장에서 노상에서 과일을 파시다가 경찰서에 잡혀가신 일, 정미소를 했는데 밧줄에 감겨서 갈비뼈 3개가 부러진 일, 정미소에서 수많은 먼지를 마시면서 일하시던 아버지의 모습이 지나갔다. 그리고 아침에 학용품을 사야 한다고 했을 때 야단을 치신 후, 울면서 학교로 향하던 내 뒤를 자전거를 타고 따라오셔서 손에 돈을 쥐여 주시며 하셨던 말씀도 생각났다. "어제저녁에 말했으면 빌려놓았을 텐데, 아침에 말하니 속이 상해서 화를 냈던 거다." 하시던 아버지의 얼굴도 떠올랐다. 평소에는 한마디도 하지 않았지만, 술만 드시고 오면 잔소리하듯 우리에게 감정을 표현하시던 아버지의 목소리….

한동안 말을 잇지 못하는 나에게 교수님은 다시 말씀하셨다.
"목사님, 이제 아버지가 되어서 힘들어하는 아들에게 하고 싶은 말을 해주세요."

내 입에서 이런 말이 흘러나왔다.
"아들아, 미안하다. 네가 이렇게 힘들어하는 줄은 몰랐구나. 사실 아버지도 큰집에서 머슴처럼 살았단다. 너의 할아버지가 노름을 해서 그 많던 논과 밭 그리고 집까지 다 날려버렸어. 갈 곳이 없었을 때 너희 큰 할아버지가 집을 지어주면서 여기서 살라고 했단다. 그 이후로 난 큰집에 머슴처럼 살았단다. 그래서 속상하고 힘들어서 술을 먹었고 집에서 화를 많이 내었구나. 상열아…. 미안하다."

난 그때 아버지께서 미안하다는 말씀을 하셨을 때 얼마나 울었는지 모른다. 아버지의 삶을 전혀 이해하지 못하고 38년을 살아온 내가 한심했다. 그리고 아버지께 미안한 마음이 들기 시작했다.

그때 교수님은 다시 이렇게 말씀하셨다.

"목사님, 이제 자리를 바꾸어서 아들이 되어 빈 의자에 앉아 있는 아버지에게 하고 싶은 말을 하세요."라고 했다. 나는 다시 자리를 바꿔 앉아 이렇게 말했다.

"아버지, 미안합니다. 그리고 고맙습니다. 사랑합니다."
그때 교수님은 내게 다가와서 말없이 꼭 안아주셨다. 그리고 함께 치유그룹에 있었던 사람들에게 이렇게 말씀하셨다. "이제 다 같이 일어나서 목사님을 안아줍시다. 아버지 같은 마음으로 꼭 안아줍시다." 이후에 요람 태우기 작업을 한 후에 기도해 주셨다.

처음에는 '이러한 치유 작업이 얼마나 효과가 있을까?'라고 생각했다. 그런데 기적은 서서히 일어나기 시작했다. 세월이 가면 갈수록 내 안에 내가 알지 못하는 내적인 힘이 생기기 시작했고 대인관계에 대한 두려움이 완전히 없어지지는 않았지만, 이전에 내게 미치던 영향력은 80% 이상 약해졌다. 그 이후 나의 인생이 달라지기 시작하였다. 그 일이 있었던 후에 교인들에게 "목사님, 요즘 좋은 일 있으세요? 표정이 아주 밝아졌습니다. 자신감이 넘치는 것 같습니다."라는 말을 많이 듣게 되었다.

:: **(2) 스위치 기법으로 상처를 준 사람을 만나서 표현하라**
앞에서 '빈 의자 기법'은 치유 그룹에서 도움이 된다. 상호 역동이 일어나면서 감추어져 있던 감정이 밖으로 표출할 수 있게 된다. 30년 이상 감추어져 있던 상한 감정이 표출되기란 쉽지가 않다. 내담자 중에는 자신의 감정을 표현한 후에 3~4일 또는 일주일 동안 몸살을 앓은 사람도 있다.

스위치 기법은 1:1로 개인 상담을 할 때도 가능하다는 장점이 있다. 또한, 비밀보장이 된다는 장점이 있다. 부정적인 감정을 표출하는데도 많은 도움이 된다. 스위치 기법은 빈 의자 기법이나 내면아이를 만나는 작업처럼 상한 감정을 위로하는 하나의 방법으로 글로 표현하는 것이다.

스위치로 쓰는 방법은 다음과 같다.
먼저 오른손으로 성인이 내면아이에게 하고 싶은 말을 쓰게 한다. 그리고 난 후 왼손으로 내면아이가 성인에게 답장을 쓰게 한다. 이렇게 몇 번 반복하게 하는 것이다.

왜 역할을 나누어 오른손과 왼손으로 쓰게 하는 것일까?
인간의 뇌는 좌뇌와 우뇌로 나누어진다. 좌뇌는 논리적이고, 분석적이며, 이성적이며, 의식적, 합리적이며, 언어를 구사하는 능력을 갖추고 있으며, 우뇌는 감성, 무의식, 알려지지 않는 것, 비이성적인 것, 약한 것, 창조적이고 예술적이며 시각 정보와 공간 인식 능력을 지닌 것으로 알려졌다.

상처를 입었을 때 좌뇌는 논리적으로 분석하여 이성적으로 해결하고자 한다. 하지만 우뇌는 감정으로 느끼기 시작한다. 마음에서 일어난 감정이 현재 표현할 수 없는 감정이라면 무의식으로 억압을 하게 된다. 상처를 입거나 감정이 상하면 무의식으로 밀어 넣게 되는 것이다. 무의식으로 밀어 넣은 상한 감정이 좌뇌보다는 우뇌에 기억되었을 가능성이 클 수 있다. 우뇌는 감정 영역이 강하기 때문이다. 결국, 위로 받지 못한 상한 감정은 좌뇌보다는 우뇌라는 무의식의 세계에 저장되어 있을 가능성이 커지는 것이다.

그런데 왼손으로 글을 쓴다면 우뇌가 활성화되면서 예술성과 창조성을 발휘할 수 있게 된다. 더 나아가 상처로 인하여 무의식으로 억압했던 상한 감정의 소리를 들을 수 있고 위로 받지 못한 감정을 보듬어 줄 수 있어 치유의 역사가 일어나게 된다.

심리학자이며 예술치료사인 루시아 카파치오네Lucia Capacchione는 그의 저서 『왼손의 힘』, 『감정 치유』에서 우뇌를 활성화 하여 상한 감정을 치유하는 방법으로 왼손의 힘을 강조하고 있었다. 저서에서 게슈탈트의 치유기법인 '상전과 하인의 기법'을 오른손과 왼손의 기법으로 적용하여 치유에 적용하였다. 오른손을 권위자나 힘 있는 사람, 상처를 준 사람, 비판적이고 지배적인 부모의 인격체를 상전으로 표현을 하였고, 왼손으로 하인으로 표현하면서 개인이 느끼는 감정, 즉 억압되고, 희생해야 하고, 참아야 했던 억울함과 좌절된 부분을 반영하였다.

『왼손의 힘』과 『감정치유』 책을 읽으면서 나는 이것을 상담에 접목해보았다. 오른손과 왼손의 쓰기 기법을 접목했을 때 치유의 능력은 말로 다 표현할 수 없을 정도로 효과가 있었다. 내담자에게도 시도해보지만, 필자는 중요한 일을 결정할 때나, 배우자에게 마음이 상할 때나, 화가 날 때, 상처를 입었을 때도 '오른손과 왼손의 기법'을 사용하여 자가 치유를 하고 있다.

오른손과 왼손으로 쓰는 스위치 기법

첫 번째 : 오른손으로 자녀에게 화가 나는 이유와 자녀에게 하고 싶은 말을 다 쓰게 한다.

두 번째 : 왼손으로 아이가 엄마의 편지를 받은 후에 어떻게 느끼고 말을 할 것인가를 쓰게 한다.

세 번째 : 자신이 쓴 글을 소리 내어 읽어보고 어떤 느낌이었는지를 표현해 본다.

둘째 딸이 이유 없이 미워지는 엄마의 예

어머니가 상담을 와서 이렇게 말했다. '둘째 아이만 보면 화가 나요. 둘째는 우리 집에서 제일 착하고 궂은일도 잘하고 공부도 잘해요. 그런데 미워서 견딜 수가 없어요.'라고 했다.

원 가족과 현재 가족을 탐삭하면서 50분 가까이 내담자의 말을 들었다. 그리고 A4용지를 주면서 이렇게 말을 했다.

1. "여기에 아이의 얼굴을 오른손으로 그려주세요."라고 한다. "오른손으로 다 그렸으면 왼손으로 그려주세요."라고 말한다.

2. 다 그린 후에는 이렇게 질문한다. "오른손과 왼손으로 그린 아이의 얼굴 중에 어느 것이 더 잘 표현되었나요?"라고 묻는다. 대부분 왼손이라고 대답을 한다.

3. 아이 얼굴 그림을 앞에 두고 오른손으로 아이에게 하고 싶은 말을 다 글로 써보라고 한다. 가능하면 원색적이고 욕을 해도 좋다. 무슨 말이든지 가슴에 쌓여 있는 것을 다 표현하라고 한다.

4. 글로 다 쓴 후에 이번에는 아이가 엄마로부터 이 글을 편지로 받았을 때 답장을 왼손으로 쓰라고 한다. 왼손으로 둘째 아이가 되어

서 엄마에게 글을 쓰게 한다.

5. 오른손과 왼손으로 쓴 것을 읽게 한다. 다 읽은 후에 어떤 느낌이 들었는지를 물어본다.

6. 더 진행할 것인지 스톱을 할 것인지를 결정을 한다.

위의 예는 어머니가 아이에게 화가 난 감정을 쓰기 시작했는데 몇 줄을 쓰지 않았는데 어머니의 눈에는 눈물이 하염없이 흘렀다. 처음에는 화가 나서 글을 시작했는데 쓰는 내내 눈물이 멈추지 않았다.

그리고 아이가 되어 이 글을 읽고 엄마에게 하고 싶은 말을 왼손으로 쓰라고 했을 때 어머니는 한 줄을 쓰고는 이렇게 말했다.

"이제 내 마음을 알 것 같아요. 둘째 아이에게 왜 그렇게 화가 많이 났는지 말이에요. 바로 내 모습이네요. 내가 어머니 태중에 있는 모습이 그려져요. 나의 어머니도 아들을 원했는데 내가 딸로 태어났거든요. 우리 엄마의 마음을 알 것 같아요. 그리고 아이의 마음도 알 것 같아요. 내가 둘째를 임신했을 때 딸이면 어떻게 하지? 하며 불안해했는데 아이가 그 불안을 느꼈던 것 같아요. 또 딸이면 남편과 시댁에서 인정 못 받을 것 같은 두려운 마음이 있었네요. 아들을 원했는데 딸이 태어나서 내가 화를 많이 낸 것 같아요."라고 했다.

나는 아이가 왼손으로 엄마에게 편지 쓴 것을 읽게 하였다.

엄마의 목소리는 가늘게 떨리고 있었다. "엄마, 힘내세요. 제가 딸로 태어난 것은 엄마 잘못이 아니에요. 나는 엄마 딸로 태어나서 행복해요. 나는 엄마 마음을 알아요. 내가 잘할게요."

나는 옆에 있는 방석을 어머니 가슴에 안겨드리면서 "둘째 딸이라고 생각하고 꼭 안아주세요. 그리고 둘째 딸이 어머니로부터 어떤 말을 들으면 가장 행복해 할 것 같습니까? 아이에게 그 말을 해 주세요."라고 했다.

어머니는 둘째 딸을 꼭 안으면서 "사랑한다. 딸아! 그리고 미안하다. 네 잘못도 아닌데, 태어나줘서 고맙다."라고 했다. 그렇게 상담은 마무리되었다. 지금은 이 가정이 얼마나 행복하게 사는지 모른다. 이 일이 있었던 후에 아이가 이전보다 훨씬 더 사랑스러워 보인다고 한다.

목사인 나도 나의 정신건강을 위해서 자주 '오른손과 왼손의 대화'를 많이 한다. 하나님께 기도하는 방법도 오른손과 왼손으로 할 때 있다. 중요한 결정을 할 때도 오른손과 왼손의 기법을 사용할 때가 있다. 나의 몸과 대화를 할 때도 있다.

6 상처 입은 내면아이를 만나라

빈 의자 기법을 사용할 때 빈 의자에 앉을 대상을 상처를 준 사람이 아니라 어린 시절에 상처를 입은 내면아이를 앉게 한다. 그리고 내면아이를 현재 성인이 된 내가 만나주는 방법이다.

상담자 : 지금 앞에 있는 빈 의자에 두려움과 불안에 떨고 있는 상처 입은 자신의 내면아이를 앉게 한다(그리고 곰인형이나 베개를 놓아둔다).
다음과 같은 질문을 중심으로 다양하게 대화를 해 본다.
- 아이는 몇 살쯤 보입니까?
- 아이의 이름은 무엇입니까?
- 아이의 형제는 어떻게 됩니까?
- 아이는 지금 무엇을 하고 있습니까?
- 아이는 어떤 옷을 입고 있습니까?

- 아이 주변에는 누가 있습니까?
- 아이의 얼굴 표정은 어떠합니까?
- 시간은 언제입니까? 아침입니까, 점심입니까, 아니면 저녁입니까?

아이와 충분히 대화를 한 후에 이렇게 말합니다.
"이 아이가 당신으로부터 어떤 말을 들으면 불안과 두려움을 극복할 수 있을까요?
아이에게 하고 싶은 말을 다 해보세요. 당신의 말을 듣고 있는 내면아이는 어떻게 반응을 하고 있습니까? 내면아이가 당신의 어떤 말을 들었을 때 가장 큰 힘을 얻는다고 말하고 있습니까?"

당신의 내면아이에게 이렇게 말하십시오.
"나는 당신을 잘 압니다. 나는 당신이 살아온 날들을 압니다. 당신이 힘들어 했던 것을 압니다. 이제 내가 당신의 길을 안내해드리고 싶은데 나를 받아주겠습니까? 그 아이는 당신을 받아들이고 있습니까?"

당신을 받아준다면 내면아이를 꼭 안아주라. 내면아이 역할을 했던 곰 인형이나 방석을 꼭 안아주고 이렇게 말해 주라.
"사랑한다. 나의 내면아이야! 많이 힘들었지, 많이 두려웠지? 그래도 잘 견디어 냈구나. 고맙다. 이제 내가 너와 함께 세상 끝날까지 함께 할게. 영원히 너를 떠나지 않을 거야. 나는 너를 제일 잘 안단다. 사랑하는 나의 내면아이야."

그리고 만약 당신이 기독교인이라면 이렇게 해보자.
"사랑하는 내면아이야! 내가 지금 너에게 소개해 줄 사람이 있는데 나를 믿고 나와 같이 갈 수 있겠니?"
내면아이가 갈 수 있다고 대답을 하면 상상력을 동원하여 교회로 데려가라. 그리고 강대상에 있는 십자가가 앞으로 가서 내면아이를 주님 앞에 세운다. 그리고 주님 품에 안기게 한다. 주님께서 하신 말씀에 귀를 기울이게 한다. 내면아이와 함께 찬송을 하며 하나님의 은혜의 깊은 곳으로 들어가라.

저자는 이러한 작업을 통해 수많은 사람을 만났다. 그들이 그동안 만나지 못했던 내면아이를 만나 치유하는 작업을 도와주었다.

7   부모와 자신의 어린 시절을 알라

가정은 우리의 뿌리이다. 성격의 기초가 형성된 곳이요, 관계를 배운 곳이다. 물질관, 가치관, 인생관이 형성된 곳이다. 남성관, 여성관을 최초로 경험한 곳이다. 분노를 해결하는 방법을 처음으로 배운 곳이다. 우리가 안고 있는 모든 문제나 우리가 문제를 해결하는 방식들은 대부분 사회생활에서 배운 것이 아니라 부모에게 배운 것이라 할 수 있다.

- 당신에게 상한 감정이 많은가?
- 아이들에게 화가 많이 나는가?
- 배우자에게 화가 많이 나는가?
- 당신은 부모님을 원망하는 마음이 있는가?
- 당신은 자신을 비하하고 있나요?
- 감정 조절이 잘 안 되어 힘들 때가 있나요?

이럴 때 우리는 어떻게 해야 할 것인가?

∷ 해결책 1 : 부모님의 어린 시절을 들어보라

부모님도 최선을 다하여 삶을 사셨지만, 당신의 부모도 윗대로부터 내려오는 미해결된 감정을 당신에게 투사했을 가능성이 크다. 그리고 당신의 부모도 피해자인 것을 알게 될 것이다. 당신의 부모도 힘들게 사셨다는 것을 대화를 통해 알 수 있을 것이다. 당신이 부모님의 이야기를 듣기로 마음먹기만 한다면 언제든지 가능한 일이다. 아버지에 대한 상처가 많다 할지라도, 대화가 되지 않는다 할지라도 가능하면 많은 질문을 통하여 부모님의 어린 시절을 많이 알아보라. 부모님의 얼굴에 웃음꽃이 피는 것을 보게 될 것이다. 그리고 이 대화를 통해 당신을 이해하는 데 많은 도움이 될 것이다. 이 과정을 통해 당신의 감정을 조절하는 능력이 향상될 것이며 당신의 배우자와 자녀를 대하는 것이 한결 편안해지는 것을 경험할 수 있을 것이다.

∷ 해결책 2 : 부모님께 자신의 어린 시절을 들어보라

자신은 어린 시절을 다 기억하지 못한다. 긍정적인 기억, 사랑받은 기억은 많이 기억나지 않고 오히려 상처받은 일이 더 많이 기억날 수도 있을 것이다. 내가 생각하지도 못한 어린 시절의 장점을 발견할 수 있을 것이다. 당신이 자신과 부모, 형제를 많이 오해하고 있다는 것도 발견할 수 있을 것이다.

부모는 나의 어린 시절을 알고 있다.

어린 시절에 충격적인 사건을 경험한 일이 있다면 성인이 되어도 그 부분을 조심스럽게 피하게 된다. 그 부분은 예민하게 반응을 한다. 특별히 그럴만한 상황이 아닌데 예민하게 반응을 한다. 이러한 반응은 지속적이고 반복적으로 일어날 가능성이 크다. 어린 시절에 미해결된 감정이 화를 내게 하는 원인이 될 수 있다. 결혼 생활에서도 마찬가지다. 우리는 결혼을 통하여 성장하면서 받은 상처를 사랑으로 치유를 하고 보듬어주어야 한다. 그런데 이상하게도 배우자를 사랑해서 결혼을 했는데 오히려 더 상처를 덧나게 하는 경우가 많다. 배우자를 이해하고 행복한 가정을 만들기 위해서는 나의 어린 시절을 알아보고 미해결된 감정이 있는지 확인하는 것이 중요하다.

가능하면 많이 들어보라. 나의 어린 시절을 들을 때 마음이 상하는 일이 있다 할지라도 적극적으로 들어야 한다. 듣다가 화가 나도 공감하면서 끝까지 들어야 한다. 어머니에게도 들어보고, 아버지에게도 들어보라. 원 가족에서 미해결된 감정이 현재 가정에서 많이 표현되고 있는 것은 자명한 사실이다. 어린 시절을 상실하는 것은 너무나 많은 것을 상실하는 것이다. 가능하면 부모님이 살아계신다면 빨리 당신의 어린 시절을 들어보라. 형제와의 관계 등 다양하게 물어보라.

:: 해결책 3 : 배우자가 이해가 되지 않는다면 배우자의 어린 시절을 들어보라

        살면서 가장 가까운 사람인데 이해가 되지 않는다면 배우자의 가정에 대해 알아가는 시간을 가져보라. 배우자 부도의 성장 배경은 어떤지, 배우자 부모의 양육 태도는 어떠했는지, 그리고 부부관계, 여성관과 남성관에 대해 알아보라.

배우자의 성장배경, 어린 시절의 이야기들을 주변인을 통해 자세히 들어보자. 그러면 배우자를 보는 눈이 달라질 것이다. 배우자를 이해하는 마음이 커지게 되고 당신에게 새로운 행복의 나비가 날아올 것이다. 또한, 자녀를 대하는 태도가 편안해지게 될 것이다.

8 당신이 부모라면 자녀에게 진지하게 사과하라

　　　　부모는 아이에게 있어서 전능자이며 신과 같은 존재이다. 자녀는 부모에게 인정받기 위해서 살아왔다. 부모의 말 한마디가 아이에게는 정말 중요하다. 부모에게 상처를 입거나 거절을 당하면 자녀는 더 잘하는 모습을 보여 부모의 인정을 받고자 한다.

부모가 자녀에게 고의로 상처를 주는 사람은 없다. 하지만 자녀들은 부모로부터 상처를 입는다. 아이들이 힘들고 상처 입은 일이 있다면 진지하게 사과를 하라. 부모가 자녀에게 "미안해. 그동안 아빠 때문에 많이 힘들었지?"라고 직접 용서를 구하고 마음을 터놓고 함께 대화하라.

:: 아버님, 아이가 학교에 오지 않았습니다

아들이 초등학교 2학년 때 담임선생님이 하신 말씀이다. 이 말을 듣는 순간, 나는 '올 것이 왔구나.' 하고 학교로 뛰어갔다. 가서 나는 선생님께 이렇게 말했다.

"선생님, 우리 아들 한번 살려주세요. 우리 아들이 잘 성장할 수 있도록 도와주세요."라고 부탁을 했다. 선성님은 당황해하면서 "아버님, 그것이 무슨 말씀이십니까?"라고 물었다.

나는 선생님께 이렇게 말했다.

"선생님, 저는 좋은 아빠가 되려고 많이 노력을 했습니다. 내가 생각하는 좋은 아빠는 한 번만 말을 하면 아이들이 듣고, 말을 하지 않아도 눈길만 주어도 행동을 재깍 바로잡는 아이로 키우는 것이었습니다. 그런데 치유상담을 공부해서 깨달은 것이 있는데 이러한 양육 태도가 아이의 마음에 상처를 형성하는 원인 중에 하나라는 것을 알게 되었습니다."

선생님은 "어떻게 도와 드릴까요?"라고 물었다.

나는 선생님께는 "제 아들이 학교에 오면 손을 흔들어주면서 약간의 미소를 지으며 부드러운 목소리로 맞이해주면 됩니다."라고 부탁을 드렸다.

선생님을 만난 후에 집에 왔을 때 아들은 집에 와 있었다.

나는 아들에게 물었다.

"선생님이 무섭니?"

아들은 선생님이 무섭다고 했다.

나는 다시 물었다.

"선생님의 표정이 무섭니, 목소리가 무섭니, 눈빛이 무섭니?"

아이는 모든 것이 다 무섭다고 했다.

나는 다시 물었다.

"너에게만 야단칠 때가 무섭니? 아니면 반 친구들 전체에게 주의 사항이나 훈계를 할 때 무섭니?"

아들은 선생님이 반 전체에게 주의 사항이나 훈계를 하실 때 무섭다고 했다.

나는 속으로 생각했다. '나도 대인 관계에서 오는 두려움으로 힘들었는데 내 아이도 나와 똑같구나!'

그래서 아들에게 이렇게 말했다.

"아들아, 미안해. 아빠를 용서해줘. 지난 명절 때 대구에 있는 큰집에 갈 때였지. 갑자기 네가 배가 아프다고 했어. 그때 아빠는 화가 난 목소리로 '그러면 일찍 말을 했어야지, 지금 배가 아프다면 어떻게 하란 말이냐, 좀 전에 말을 했더라면 주유소에라도 갔을 것 아니냐?'라고 화를 많이 내었지? 아들아, 아빠가 무서워서 큰 아빠 집에 도착할 때까지 참고 참다가 도저히 참지 못하여 배가 아프다고 했는데 아빠는 너에게 화를 냈구나. 아들아, 지금 생각해보니 아빠가 많이 잘못했구나. 미안하다. 아빠를 용서해 줄 수 있어?"

그러자 아들은 이렇게 대답했다.

"아빠, 고마워요. 그렇게 말해줘서요."

그리고 다음 날 아들이 학교에 갔다 오는데 아주 밝은 모습이었다. 그래서 오늘 학교에서 무슨 좋은 일이 있었느냐고 물어보았다.

아들은 "오늘 선생님이 나를 기다려주었어요. 그리고 이름도 다정하게 불러 주었어요. 우리 선생님 웃는 얼굴이 너무 보기 좋아요."라고 했다.

　　　　나도 성장하면서 받은 상처를 아버지에게 말했을 때 네 잘못이 아니라고 하시며 용서받았을 때의 그 행복과 기쁨이란 말할 수 없이 좋았다. 나의 아들도 그런 기분이었을 것 같다.

　　　　부모의 따뜻한 말 한마디!
고맙다. 사랑한다. 힘들었지? 미안하다는 것과 같은 말 한마디는 아이의 미래를 바꾸는 힘이 있다.

9 자신을 사랑하고 존중하라

상한 감정으로 상처 입은 사람들이 가정에서 화를 많이 낸다. 상처가 있는 사람이 보이는 대표적인 증상은 자신을 싫어하는 것이다. 행복한 가정생활을 위해서 당신이 할 수 있는 방법 중 하나는 자신을 사랑하는 방법을 배우는 것이다. 상한 감정에서 출발하는 분노를 다스리기 위해서는 자신을 존중하고 사랑해야 한다. 어떻게 자신을 사랑하고 존중할 것인가?

:: (1) 자아 선언문을 만들라

자아상은 내가 나를 어떻게 보고, 생각하고, 느끼고 있느냐는 것이다. 자신이 가지고 있는 생각, 신념, 관습, 태도, 감정, 가치, 유능, 소속감 등을 포함하여 자신을 어떻게 바라보느냐 하는 것이다. 자아상이 건강하면 세상과 환경 그리고 나와 너를 바라보는 시각이 건강해진다.

자아상이 중요한 이유는 우리의 행동과 태도를 지배하기 때문이다.

자아상은 마음의 운전사에 비유할 수 있다. 자기 뜻대로 우리의 인생을 운전해가기 때문이다. 성격 가장 밑바닥에서 나의 마음을 무의식적으로 움직이는 힘이다. 자아상은 인생에서 기초공사에 해당된다. 우리가 살아가면서 생기는 대부분의 문제나 갈등이 부정적이고 빈약한 자아상에서 발생하기 때문이다.

부정적인 자아상을 가진 사람들

부정적인 자아상이란 병적인 열등감을 갖고 있는 사람을 말한다. 병적인 열등감을 가진 사람들은 어떤 요인에 의해 열등감을 느낄 때 자신을 비하하면서 패배의식에 사로잡히기도 한다. 마음에 조화와 균형이 깨어지고, 일치와 성숙으로 나아가는 능력을 상실하게 된다. 열등감을 통해서 배우고 성장하기보다는 시기와 질투의 지배를 받게 된다. 심지어 자신을 지속적으로 저주하기도 하고 남 탓을 많이 하기도 한다. 인격적인 재통합과 조화가 이루어지지 않기 때문에 작은 상처를 입게 되면 쉽게 좌절하고 위기를 경험하게 된다. 병적인 열등감은 자신을 열등한 존재로 평가한다. 자신 안에 있는 능력을 인정하지 못하고 끊임없이 자신을 비난하며 원망과 불평 속에서 자신을 미워한다.

상처 입은 부정적 자아상을 가진 사람은 이렇게 말한다.

- 나는 쓸모없는 사람이다.
- 나는 무능하고 무가치한 사람이다.
- 나는 잘하는 것이 없다.
- 잘 되는 일도 내가 하면 잘 안 된다.
- 나는 왜 이 모양일까?
- 나는 내가 부끄럽다.
- 나는 내가 싫다.
- 태어나지 말아야 할 사람이다.

위에 언급한 말들은 서로 정도의 차이는 있지만 대부분 부정적인 자아상을 갖고 있으며 그 영향력은 파괴적이고 강력한 힘이 있다.

부정적인 자아상을 긍정적이고 건강한 자아상으로 변화시키기 위해서는 자아 선언문을 만들어 선포해보자. 왜냐하면, 생각은 말의 지배를 받기 때문이다. 말은 직접적이고 강력하며 생각과 몸에 있는 신경을 움직인다. 이런 이유로 건강한 자아 선언문을 만들어 선포하는 것은 부정적인 자아를 치유하는 중요한 작업이다.

긍정적인 자아상을 가진 사람들

긍정적 자아상을 다른 말로 표현한다면 '건강한 열등감'이라 할 수 있다. 사람마다 열등감이 없는 사람은 없다. 그래서 개인 심리학자인 알프레드 아들러는 열등감은 인류 문명의 산물이라고 정의했다. 건강한 열등감을 가진 사람에게 열등감이 없다는 말이 아니다. 자신의 부족함과 연약한 부분에 열등감을 느끼지만, 그 열등감을 통하여 성장과 성숙, 조화와 일치를 이루는 능력을 갖고 있다. 이들은 열등감이라는 감정을 통하여 인격의 재통합을 이루어 모든 것을 감사함으로 받으며 항상 배움의 자세를 갖는 것이다.

건강한 열등감은 성공을 위한 기초라고 할 수 있다. 건강한 열등감을 가진 사람은 수치심을 느낄 때마다 자신을 저주하거나 비난하고 비하하는 모습을 보이지 않는다. 오히려 자신에게 한계가 있음을 알고 자신을 수용하고 전능자를 찾아가는 은혜의 통로로 사용한다.

긍정적인 자아 선언문

나는 존귀한 사람이다.
나는 고귀한 사람이다.
나는 가치 있는 사람이다.
나는 중요한 사람이다.
나는 필요한 사람이다.
나는 유능한 사람이다.

나는 복 있는 사람이다.
나는 소중한 사람이다.
나는 독특한 사람이다.

이렇게 자아선언문을 만들고 생각만 하지 말고 적은 것을 입으로 소리 내어 읽어라.
흙탕물에도 맑은 물이 들어오면 서서히 맑아진다. 나 자신에 대한 부정적인 생각보다는 긍정적인 자아선언문을 만들어 날마다 선언을 하라. 말로 시인하고, 선포를 하라. 말은 권세가 있고 운동력이 있다. 말에는 우리의 미래를 바꾸는 능력이 있고, 우리의 운명을 바꾸고, 인생을 바꾸는 능력이 있다. 말은 예언적 기능이 있으니 자기 자신에게 긍정의 예언을 하라. 즉 자성 예언을 많이 하라.

자녀를 향해서도 마찬가지다. 자녀와 대화할 때, 잠든 아이 곁에서 긍정적인 예언을 많이 하라. 어느 날 문득 자녀들이 아주 건강한 자아상으로 변화되어 있음을 느낄 것이다.

내가 아들에게 늘 예언하는 말이 있다.
- 아들아, 넌 반드시 성공할 것이다.
- 너는 무엇을 해도 잘 될 것이다.
- 앞으로 좋은 일들이 많이 일어날 것이다.
- 하나님의 은혜가 너를 따라다닐 것이다.

사랑하는 딸에게도 이렇게 예언을 한다.
- 딸아, 넌 하는 일마다 잘 될 거야.
- 딸아, 너에게는 복이 따라온단다.
- 너는 복덩어리란다.
- 하는 일마다 잘 될 거란다.
- 넌 돈도 따라오고 사람도 따라오고 세월이 가면 갈수록 잘된 단다.

배우자에게 예언을 많이 한다.
- 당신은 복의 주인공입니다.
- 당신과 함께하는 사람은 다 복 있는 사람입니다.
- 어떻게 이렇게 복 있는 사람이 나와 함께 있으니 난 당신으로 인해 복을 받습니다.
- 왜 이렇게 예쁜지 당신은 정말 복덩어리입니다.

자신을 향하여 긍정적 예언을 많이 하라.
- 오늘도 나에게 좋은 일이 있을 거야.
- 나는 하는 일마다 잘 될 거야!
- 나는 복을 몰고 다니는 사람이다.
- 하나님의 은혜가 나를 기다리고 있다.
- 나는 가치 있고 소중하며 존귀한 사람이다.
- 나는 유능한 사람이다.

나는 최근에 예언적인 말을 많이 들었다.
- 목사님 강의 정말 잘하십니다.
- 오늘 강의 너무 재미있고 유익했습니다.
- 목사님의 강의는 참 재미있고 내용이 아주 좋습니다.
- 목사님의 강의는 굉장히 쉬우면서도 깊이가 있습니다.

자아 선언문을 매일 매일 낭독하라.
시간만 나면 낭독하라. 큰소리로 외쳐라.
당신에게 놀라운 변화가 일어날 것이다.
당신은 존귀한 사람으로 변화될 것이다.

만약 당신의 자녀가 청소년이면 이렇게 해 보기를 권한다.
"아들아, 너를 키우고 나서 엄마가 공부를 했어. 너 키울 때는 알지를 못해서 너에게 말을 못했는데 배우고 나니 지금이라도 꼭 너에게 하고 싶은 말이 있는데 들어 줄래?"하고 말하라. 그리고 조금 쑥스럽기도 하지만 지금이라도 하지 않으면 내가 영원히 후회할 것 같아 네가 나를 도와주었으면 한다고 말한 후에 자아선언문에 관해 설명해주고 아들에게 읽어주자. 당신의 삶과 자녀 그리고 가정에 놀라운 변화가 일어날 것이다.

대학을 가거나, 자녀가 군대를 갔거나, 결혼을 했을지라도 위에 소개한 방법으로 해주면 큰 도움이 된다. 상황이 여

의치 않아 문자로 보내는 것도 방법이 되겠지만, 더 효과적인 것은 말로 직접 고백하는 것이다.

∷ (2) 자아 치유 선언문을 선포하라

자아 치유 선언문이란 자신의 상처 입은 영혼을 치유의 문구를 사용하여 선포하는 것이다.

1) 나는 사랑스럽고 참 괜찮은 사람이다

인간은 부모의 사랑에 의해서 탄생했다. 사랑의 결정체가 바로 자녀다. 그리고 부모의 사랑을 먹고 자란다. 무엇보다 자녀에게 중요한 것은 부모의 사랑이다.

"나는 나 자신을 사랑하며 날 무조건 받아 줄 것이다."

이 말을 큰소리로 자주 외쳐라. 매일 외쳐라.
왜 매일 외쳐야 하는가?
진리이기 때문이다.
내 안에 깊게 뿌리를 내린 부정적인 자아상을 긍정적인 자아상으로 바꾸기 위해서는 내면의 소리를 바꾸어야 한다. 내면의 부정적인 소리를 바꾸는 방법 가운데 입술로 긍정적인 자아 선언문을 선포하는 것이 좋은 방법이다. 이제 크게 외쳐라. 그리고 매일 외쳐라.

"나는 사랑스럽고 참 괜찮은 사람이다."

이 문구를 하루에 21번씩 외친다면 당신에게 놀라운

변화가 일어날 것이다.

나의 내면에 있는 부정적인 자아상도 '나는 사랑스럽고 참 괜찮은 사람이다.'라고 치유선언문을 선포하면 서서히 변화되어 어느 날 아주 멋있는 사람으로 변화된 자신을 발견할 것이다.

생각만 해도 되지 않을까? 한 번만 해도 되지 않을까? 그런데 왜 21번을 해야 하느냐는 의문이 들 것이다. 여러 번 말하는 데 거부감이 드는 이유는 자신을 사랑하는 삶에 익숙하지 않기 때문입니다.

부모 교육을 시작할 때 이 문구를 21번씩 외친다. 그리고 질문합니다. 어떤 느낌이 들었습니까? 많은 사람이 '처음에는 너무 쑥스럽고 어색했습니다. 그리고 10회쯤 했을 때 나의 마음 깊은 곳에서 그래, 맞아. 나는 소중한 사람이야. 나는 사랑스러운 사람이야. 나는 참 괜찮은 사람이야.'라는 생각이 들기 시작했다고 했다.

2) 나 _____(이)가 나를 사랑하면 할수록 남들도 나를 더 사랑한다.

내가 나를 사랑하는 것이 중요하다. 내가 나를 사랑하지 않으면서 남을 사랑한다는 것은 모순이다. 그래서 성경에 이렇게 기록하고 있다.

"네 이웃을 네 몸과 같이 사랑하라."

내가 나를 사랑할 때 남들을 진심으로 사랑할 수 있다.
이 말은 당신이 이기적인 사람이 되라는 것이 아니다. 자신을 올바르게 사랑할 줄 아는 사람이 남들을 제대로 사랑할 수 있기 때문이다.

사랑하는 딸이 고등학교 1학년 때 이렇게 질문했다.

아빠 사랑하는 딸아, 네가 너를 사랑하면 어떤 일이 일어날까?
딸 나 자신을 훨씬 많이 표현하게 될 것 같아요. 그리고 자신감도 생길 것 같아요.
아빠 또 어떤 일이 일어날 것 같으니?
딸 남들도 나를 더 사랑할 것 같아요.
아빠 또 어떤 일이 일어날 것 같으니?
딸 남들도 나를 사랑해주니 나도 나 자신이 더 좋아질 것 같아요!

또 하나 질문을 했다.

아빠 공주야, 네가 너를 싫어하면 너에게 어떤 일이 일어날 것 같으니?
공주 내가 나를 싫어하면 사람들이 나를 싫어할 것 같아. 본래의 모습을 감추고 살아갈 것 같아요.
아빠 본 모습을 감추고 살아가면 어떤 일이 일어날 것 같으니?
공주 점점 더 다른 사람의 마음에 드는 행동을 할 것 같아요.

아빠 그럼 네 마음은 어떨 것 같으니?
공주 그러다가 지칠 것 같아요. 불안할 것 같아요. 내 원래 모습을 친구들이 알아차릴까 봐?
아빠 불안해지면 너는 어떻게 할 것 같니?
공주 더 많은 가면을 쓸 것 같아요. 친구들이 나를 떠날까 봐 늘 불안해할 것 같아요.

이 대화 후에 나는 사랑하는 딸을 안아 주면서 이렇게 말했다.
"공주야, 이 세상에서 가장 중요한 것은 자신을 존중하고 사랑하는 것이란다. 아빠는 나 자신을 사랑하지 못해서 참 힘들게 살았단다. 다른 사람이 나에게 보여주는 평가에 민감하게 반응하며 살았단다. 이제 나 자신을 극복하고 나니 이렇게 행복해진다는 것을 이제 알았구나. 너 자신을 조건 없이 사랑하렴. 너 자신이기 때문에 사랑하며 살아. 사랑한다. 공주야. 잘 커줘서 고맙다."

그렇다.
당신이 자기 자신을 사랑하지 않고 본래의 자기 모습을 감추려고 한다면 점점 더 자기를 표현하지 못하고 자신을 사랑할 수 있는 기회를 잃어버리게 되고 악순환은 거듭될 것이다.

3) 나는 내가 좋다. 무조건 좋다. 조건 없이 좋다. 진짜 좋다. 왜냐하면, 나니까!

자아 치유 선언문을 낭독하라. 큰소리로 외쳐라. 자주 반복하라. 하루에 21번씩 외쳐라. 왜냐하면, 이것이 당신이 찾아야 할 진실이니까!

너의 평생을 통해서 이루고 싶은 꿈은 무엇이니?

한 여대생에게 "넌 이 땅에서 꼭 이루고 싶은 꿈이 무엇이니?"하고 물었다.

그 학생의 대답은 너무나 의외였다.

"나 자신을 한번 사랑해 보는 것이 평생 이루고 싶은 비전이고 소원입니다."라고 대답을 했기 때문이었다.

"왜 자신을 사랑하는 것이 힘든 걸까?"

"글쎄요. 너무 힘드네요. 난 내가 너무 싫어요. 사랑할 수가 없네요."라고 했다.

A4용지를 주면서 여대생에게 자신의 모습을 그려보라고 했다.

여대생은 얼굴은 양의 모습을, 몸은 돼지로 그렸는데 쇠사슬에 묶여 있었고, 몸속은 늑대의 모습으로 표현했다. 그린 후에 이 여대생은 그림을 이렇게 설명했다.

"다른 사람들은 다 나를 양같이 순하고 착하고 모범적인 사람으로 봐요. 하지만 내 실제 모습은 미련하고 둔하고 어리석어요. 그리고 내 마음 깊은 곳에는 늑대처럼 아주 못된 마음들이 있어요. 나 자신을 한번 사랑해 보는 것이 내 평생소원입니다."라고 깊은 한숨을 쉬면서 말을 했다.

한 존재가 태어나 살아가는데 왜 자신을 그렇게 싫어하고 사랑하지 못하고 살아가고 있을까! 너무 안타까운 현실이었다.

세상에서 사람들이 짓는 죄는 종류가 여럿이겠지만 그중에서 가장 심각한 죄를 두 가지를 고르라고 한다면 이렇게 달하고 싶다.

첫 번째는 자신을 향한 죄, 두 번째는 타인을 향한 죄이다. 이 두 가지는 윤리·도덕적으로나 법적으로는 죄가 아니다. 하지만 자신의 인생을 살아가는 데 있어서 심각한 문제를 일으키는 주범이 되기 때문에 '죄'라고 말하고 싶다.

자신을 향한 죄는 자신을 싫어하는 것이다.
'나는 무능한 사람이야. 보잘것없는 사람이야. 정말 재수가 없어. 나는 태어나지 말아야 했어. 나는 바보 같아. 나는 너무 미련하고 든한 사람이야.'
이렇게 자신을 비하하고 정죄하는 것이다.

타인을 향한 죄는 다른 사람의 인격을 모독하고 정죄하고 수치심을 느끼게 하고 무시하는 말이다.

당신은 하나님의 형상대로 창조된 생명이요, 천하보다 귀한 존재에게 이렇게 말하고 있지는 않은가?
"넌 왜 그 모양이니? 커서 뭐가 될래? 네가 하는 것이 다 그렇지 뭐. 미련스럽기는······."
당신이 이 말을 들었다면 충격을 받을 것이다. 그렇기에 내가 듣고 싶지 않은 모욕과 수치를 주는 말을 다른 사람에게 해서는 안 된다.

이제 우리는 자신을 향한 죄는 물론이고 타인을 향한 죄도 짓지 말고 나 자신을 사랑하고 또 타인을 사랑하는 삶을 훈련하자.

가수 현숙 씨의 노래처럼 "내 인생의 박수"를 보내면서 살아가자.
누구나 자기가 살아온 날들을 되돌아보면 힘들고 상처 입은 날들이 있을 것이다. 그 상처들로 인해 아파하고 힘들어하고 수없이 눈물 흘리던 날들이 있었다. 그러나 지금까지 살아온 나에게 응원과 격려의 박수를 보내며 살아가자.
물론 돌아보면 내게는 부족함이 여전히 있고, 아직 해결되지 않은 아픔이 있다. 경제적으로 곤란한 상황에 부닥쳐 있을 수도 있다. 그래도 지금까지 살아온 내 인생에 박수를 보내자. 당신은 사랑받기 위해 태어난 사람이며, 사랑스러운 사람이다.
내가 나 자신의 열성 팬이 되어 주자. 내가 나를 지지

해주고 사랑하고 인정하며 살아가자.

남들이 나를 지지하고 칭찬하고 인정하는 것도 좋지만 이제 내가 내 인생에 박수를 보내고 무조건적인 긍정적 지지를 보내주고 사랑하며 살자. 나 자신에게 팬클럽 회장이 되어주어 사랑과 격려 그리고 용기를 주는 편지를 써 보자.

"너는 할 수 있어. 너는 성공할 만해. 존경받을 자격이 있어. 너는 참 훌륭해. 정말 대단해. 나는 네 용기와 강인함이 마음에 들어. 너만큼 멋진 사람은 없을 거야. 나는 너를 사랑해. 너는 틀림없이 잘 될 거야."

가슴에 손을 얹고 이렇게 말해보자.
빈칸에는 자신의 이름을 적어 넣고 소리 내어 읽어보기 바란다.

사랑한다. _____야!
지금껏 살아오느라 고생했다.
그 험한 세월 어떻게 살았니?
난 네가 대견스럽고 기특하다.
난 너 자신을 극복한 네가 너무너무 좋아.
이제 너무 힘들어하지 마.
충분히 아파했고 힘들었으니 이제 자신을 사랑하며 살자.
넌 충분히 그럴 자격이 있어.
난 네가 아주 좋다.

공부는 못했어도 끈질기게 학교에 다닌 내가 아주 좋다.
이제 내가 살아온 내 인생에 박수를 보내자.
내 인생의 팬클럽이 되어서 사랑을 보내자.

내가 아는 지인 중에 한 분은 이렇게 말한다.
"나는 부모 복도 없고 남편 복도 없고 자식 복도 없는 사람이에요."
난 그분에게 이렇게 말한다.

"자신을 사랑하시고 자신에게 당당해지세요.
당신의 인생에 박수를 보내고 팬클럽이 되어 자신을 사랑하세요.
'나는 복 있는 사람이다.'라고 선포하세요.
하나님은 당신을 사랑하십니다.
복 있는 사람으로 선포할 때 당신은 복 있는 사람이 될 것입니다."

당신은 살아오면서 그동안 많은 일을 경험하였을 것이다.
이제 자신이 잘한 것, 성공한 것, 즉 긍정적인 행동의 목록을 만들어라.
약점과 실패 그리고 부족함에 주의를 집중하지 말라.

긍정적으로 행동한 것, 잘한 것, 성공한 것에 점수를 주자.

우리가 잘해낸 것, 어려운 상황들을 견디고 극복하고 이겨낸 일들은 당신이 지금 생각하는 것 이상으로 많을 것이다. 다만 기억의 저장 속에 묻어놓고 생각을 하지 못하고 있을 뿐이다.

당신의 생애 중 지금 있는 그대로의 모습에 대해 스스로 칭찬하고 감사하라.
당신 자신에게 이렇게 이야기해 보라.
"지금까지 살아온 날들에 감사하자. 그리고 오늘 내가 한 일에 대해 감사하자. 나는 그럴 수 있어. 왜냐하면, 그 행동은 긍정적이고 가치 있는 것들이니까. 나는 하나님께서 나와 함께 계시면서 나의 가치와 소중함을 나 자신과 다른 사람에게 표현하도록 도와주고 계심을 믿어."

이제 자아선언문을 당당하게 선포하자.

- 나는 존귀한 사람이다.
- 나는 고귀한 사람이다.
- 나는 가치 있는 사람이다.
- 나는 꼭 필요한 사람이다.
- 나는 유능한 사람이다.
- 나는 복이 있는 사람이다.
- 나는 사랑하는 내가 될 수 있다.

자아 치유 선언문을 작성하고 당당하게 선포하자.

나는 사랑스럽고 참 괜찮은 사람이다.
나는 내가 좋다. 무조건 좋다. 진짜 좋다. 조건 없이 좋다.
왜냐하면, 나니까.
나 _____가 나를 사랑하면 할수록 남들도 나를 더 사랑한다.

아주 작은 결점과 결핍에 묻히는 삶이 아니라 가치 있고 사랑받을만한 존재라는 사실을 잊지 말고 나 자신에게 끊임없이 들려주어라. 나 자신이 부족하고 한심한 생각이 들지라도 선포를 하라. 비참함과 초라함을 느끼는 날이라도 자아 치유선언문을 선포하자.

5장

변화는
나로부터
시작된다

사람들은 대부분이 이렇게 생각한다.

'내가 이만큼 변했으니 당신도 이 정도는 변해야지! 어떻게 당신은 변화가 없어?'

이런 생각은 화를 더 부추긴다.

사실 여기에 함정이 있다. 변화는 언제나 나로부터 시작된다. 하지만 내가 이렇게 변했으니까 당신도 이 정도는 변해야 한다는 말을 가만히 들여다보면 나는 진정 변한 것이 아니라는 것을 알 수 있다. 진짜 변한 것이 아니라 다른 무엇을 위해 참고 조작적인 행동을 한 것이라 볼 수 있다.

내가 변하기로 마음먹고 실천으로 옮기면 된다. 그뿐이다.

내가 변하는 것은 내 영역이지만 타인의 변화는 내 영역이 아니라 타인의 영역이고 하나님의 영역이다.

그동안 상담을 하면서 마음이 아픈 아이들을 많이 만났다. 대부분의 부모는 자녀를 변화시키려고 한다. 그러나 자녀의 이상행동이나 부적응의 행동은 대부분 부모의 잘못된 양육태도와 밀접한 관계가 있었다. 결국, 아이들을 변화시키기보다는 부모가 먼저 변화하면 아이의 문제가 해결되었다. 부모에게서 하나가 변하면 자녀에게서는 열 가지 변화가 일어난다.

:: 엄마가 변하면 아이가 변한다

초등학교 3학년 학생이 분노 조절이 잘 안 되어서 상

담하였다.

수업시간에 선생님이 자기 생각대로 움직여주지 않는다고 밖으로 나가버린다. 화를 내며 물건을 집어 던지기도 하고 선생님께 반항이 아주 심하였다. 학생도 상담하고 담임선생님과 부모님도 상담을 했다. 부모 상담을 한 후 2주 정도 지난 후에 "아이가 조금 변한 것 같습니까?"라고 담임선생님께 물어보았더니 아이가 많이 변했다고 대답했다. 나는 다시 물었다. "선생님, 아이가 변한 이유가 무엇이라고 생각합니까?"라고 물었을 때 담임선생님은 아이의 어머니가 많이 변했다고 했다. 아이가 학교에 와서 시간마다 쪽지를 보고 있기에 물어보니 어머니가 쓴 쪽지 편지였다. 아이에 대한 칭찬을 적어놓은 쪽지편지도 있었고 엄마가 그동안 미안했다는 말과 함께 그래도 잘 커 줘서 고맙다고 쓴 글도 있었다. 6개월 후에 다시 아이를 상담을 했을 때 아주 긍정적으로 변해 있었다.

부부 세미나를 강의할 때 나는 수강생들에게 이런 질문을 많이 한다.
"배우자가 조금 변한 것 같습니까?"
대부분의 사람들은 변화가 없다고 대답을 한다.
그때 "왜 배우자가 변하지 않았는지 아십니까?"하고 되묻는다.
아무도 대답하지 않는다. 간혹 "저는 변화를 기대하지도 않습니다."라고 대답하기도 한다.
나는 이렇게 말한다.
"당신의 배우자가 변하지 않는 이유는 바로 당신이 변하지 않았기 때문입니다. 당신이 변하면 배우자도 변하기 마련이지요."

우리는 분명히 알아야 할 사실이 바로 여기에 있다. 누구 때문에, 상황 때문이라고 문제의 원인을 외부로만 돌리지 말고, 이제 변화의 시작점을 나 자신으로 맞추고 주도적이고 적극적으로 삶을 대하는 태도를 배우자. 사랑스럽고, 가치 있는 존재인 '나'는 충분히 그럴만한 사람이다.

변화는 언제나 나로부터 시작된다. 바로 나!

책을 마치며

『분노 신호등, 가정에서 화를 많이 내는 이유』라는 책을 쓰면서 마음속에 간절히 원하는 소망이 있다. 가장 행복한 가정을 만들 수 있도록 사람들을 돕는 것이 나의 사명이라고 생각하고 살아가고 있는데 이 마음을 독자들께도 나누고 싶고, 독자들의 각 가정에서 이렇게 가정을 세우는 역할들을 감당해주기를 바라는 마음이 간절하다.

우리에게는 여러 가지의 이름이 있고 그 이름에는 다양한 역할이 있다. 이름에 합당하게 사는 것은 정말 아름답다. 각 사람이 자신에게 주어진 '이름'의 값을 하고 구실을 감당하고 노릇을 할 수 있다면 사회는 더욱 밝아질 것이다.

우리는 사회에서나 대인관계에서 주어진 이름의 사

명을 잘 감당한다.
더욱 주목했으면 하는 부분이 있다.
가장 작지만 가장 소중한 이름의 사명을 감당하길 원한다.
그것은 바로, 딱 한 사람에게 불리는 이름의 사명.
자녀들에게만 불리는 '부모'라는 이름의 사명을 잘 감당하자.

필자는 결혼 7년 차까지 늘 이렇게 생각했다.
'나는 아내 때문에 정말 행복하다. 아내가 너무 잘 해주니까 행복하다.'
그래서 아내에게 이렇게 말했다.
"여보! 고마워 난 당신으로 인해 얼마나 행복한지 몰라요."
그런데 아내를 가만 보고 있으니 그동안 두 아이를 키우면서 아무도 모르는 곳에서 눈물을 많이 흘린 것 같았다. 나는 그동안 섬김을 받고 고마워하기만 했다.

결혼 8년 차에 치유상담을 공부하면서 난 생각을 바꾸기로 했다.
'나는 아내 덕분에 행복하다가 아니라, 나로 인해서 아내가 행복해야 한다. 나로 인하여 아이들이 행복해야 한다. 나로 인해 나를 만나는 사람들이 행복해야 한다. 내가 복을 전하는 주인공이 되어야 한다. 내가 지금까지 참 이기적으로 살았구나.'
이렇게 생각을 바꾸면서 지속해서 치유 상담을 공부하였다. 치유상담을 공부한 지 20년이 다가온다. 나의 내면에도 많은 내적인 힘이 생긴 것 같다. 이제는 가정에서도 감정 조절이 잘 된다. 화가 날 상황에도 선택이 가능해진다. 이것이 화 날 일인가, 화낼만한 일인가를 선택하는 힘이 생기기 시작했다.

배우자에게 화가 나고, 자녀들에게 화가 났었다. 그 이유를 모를 때는 아내 탓을 하고 아이들 탓을 했다. 치유상담을 통하여 나는 알게 되었다. 내 안에 해결되지 못한 수많은 상처가 애정이 확인된 곳에서, 보복의 두려움이 없는 대상에게 순간적으로 화가 치밀어 올라오는 것을 알게 되었다. 화의 원인이 아내나 아이에게 있는 것이 아니라 바로 나의 내면 깊은 곳에 이미 존재하고 있었던 것이었다.

집에서 화가 날 때마다 남 탓을 하기보다는 화의 진정한 원인이 어디에 있는가를 찾아보라. 그리고 분노를 건강하게 표현하는 능력을 길러라. 화가 나지 않는다는 것은 인간이 아니라 신이라 할 수 있다. 화는 나지만 화를 분개나 적개심으로 발전하도록 내버려두는 것이 아니라 잘 선택을 하여 자아실현으로 가는 에너지로 활용했으면 하는 마음이다. 무엇보다 가정에서 분노라는 감정을 다스릴 수 있다면 어느 사회 공동체에 가서도 상한 감정을 관리할 수 있는 아주 성숙한 인격자로 당신의 역량을 충분히 발휘할 수 있는 사람이 될 것이다.

배우자는 나와 다르다.

성장 과정이 다르고, 기질이 다르고, 내면의 생각이나 가치관이 다르다. 결혼 전에는 나와 다른 모든 것이 매력으로 다가왔을 것이다. 하지만 결혼을 하게 되면 매력으로 다가왔던 생각이나 가치관 그리고 기질과 성장배경이 부조화를 일으키고 부부갈등의 요인이 된다.

이제 우리는 성숙해야 한다.

나와 다른 생각이나 가치관을 서로 존중해주고, 서로가 다른 타고난 기질의 장점을 발견하여 칭찬과 격려를 하고, 이해되지 않는 행동이 있다면 나의 그릇을 크게 하기 위한 하나님의 뜻임을 깨닫고, 상처 입은 마음을 사랑으로 보듬어주는 치유자의 삶을 걸어보길 바란다.

:: 참고 문헌

국내 문헌

노용찬 저(1994), 『부모가 변해야 자녀가 변한다』 글샘 출판사

최현주 저(1995), 『위장된 분노의 치유』 규장 문화사

김정규 저(1995), 『게슈탈트 심리치료』 도서출판 학지사

이상열 저(2015), 『맘의 신호등』 창연 출판사

오재은 저(2009), 『자기사랑 노트』 샨리 출판사

박필 저(2004), 『당신의 말이 자녀를 변화시킨다』 도서출판 생명의 글

박선환, 박숙희, 신은영, 이주희, 정미경, 김혜숙 공저(2001), 『정신건강론』 양서원

노용찬, 유재덕 저(1996), 『마음의 상처를 치유 하는 길』 도서출판 글샘

주서택(2001) 결혼 전에 치유 받아야 할 마음의 상처와 아픔들, 순 출판사

번역 문헌

존 브래드쇼 저, 김홍찬, 고영주 역(2002), 『수치심의 자유』 사단법인 한국 기독교 상담 연구원

존 브래드쇼 저, 오재은 역(2004), 『상처받은 내면아이 치유』 학지사

로버트 D. 엔라이트 저, 채규만 역(2004), 『용서는 선택이다』 학지사

루시아 카파치네오 저, 이경하 역(2001), 『왼손의 힘』 동서고금 출판사

W. 휴 미실다인 저, 이종범, 이석규 역(1987), 『몸에 밴 어린 시절』 가톨릭 교리 신학원

마크 코스그로브 저, 김만풍 역(1996), 『분노와 적개감』 도서출판 두란노

노만 라이트 저, 송현복. 백인숙 역(1996), 『당신의 과거와 화해하라』 죠이 선교회 출판사

존 그레이 저, 김경숙 역(1993), 『화성에서 온 남자 금성에서 온 여자』 친구 미디어 출판사

찰스 H 크래프트 저, 이윤호 역(1995), 『깊은 상처를 치유하시는 하나님』 은성 출판사

레스 카터, 프랭크 미너스 저, 이승재 역(2001), 『분노로부터 평안을 얻는 삶』 은혜출판사

토마스 고든 저, 이형득 역(1962), 『자율적 자녀 육성을 위한 부모 교육』 형설출판사

노만 라이트, 게리율리버 저, 유충선 역(1997), 『내 아이는 왜 이럴까』 죠이선교회 출판사

유진 피트슨 저, 양해원 역(2000), 『거북한 십 대 거룩한 십 대』 홍성사 출판사

데이빗 A. 씨맨즈 저, 윤종석 역(1990), 『치유하시는 은혜』 두란노출판사

팀 라헤이. 밥 필립스 공저, 유정희 역(1984), 『아름다운 분노』 생명의 말씀사

데이빗 A. 씨맨즈 저, 송헌복 역(1986), 『상한 감정의 치유』 두란노 출판사

페니 베이커 저, 김종한 박광배 역(1999), 『털어놓기와 건강』 학지사

팀 마샬 저, 이상신 역(1995), 『나 면으로부터 자유』 예수전도단

마크 맥빈 저, 정동섭 역(1995), 『기독교 상담과 인지요법』 도서 출판 두란노

팀 슬레지 저, 정동섭 역(1986), 『가족치유 마음치유』 요단 출판사

플로렌스 리타우어 저, 정숙희 역(1998), 『기질 플러스』 에스라 서원